色を楽しむ大人のおしゃれ

堀川 波
Nami Horikawa

GRAY
RED
BLACK
YELLOW
NAVY
KHAKI
PINK
DENIM
BROW
GREE

マイナビ

はじめに

今まで、いろんな服を着てきました。

10代の若い頃は古着を探して個性的なファッションを。

20代で働き出すとＤＣブランドなどのデザインの面白い服に惹かれました。

30代で子どもができると動きやすさを優先したナチュラルファッションがしっくりきました。

おしゃれはそのときどきの自分を映しています。

さて、40代の私は何を着ようかな？

最近好きなのは、「シンプルスタイルに、ほんの少しの遊びゴコロ」がある派手ではないけど個性の光るスタイル。
シンプルな着こなしだから、そこで効かせる「遊びゴコロ」は、今の私にとって自分らしさそのものなのです。
その「遊びゴコロ」に「色」は欠かせないなと思いました。

私には、10代の頃から小さなトレードマークがあります。
「血豆？」とからかわれながらもめげることなく続けている、赤い小さな丸をちょんと描いたネイルです。

このネイルをしていると自分らしくいられる気がして、今ではまるでお守りのように感じています。ほかの色も試しますが、やっぱり赤が私を一番元気にしてくれる色です。

ある日街を歩いていると、自分よりも年上の女性が鮮やかなグリーンのストールを巻いていて、「わっ、素敵！」と二度見してしまったことがあります。グリーンのストールがとても似合っていたその人は、キラキラと輝いて見えました。

グリーンは好きだけど自分には似合わないと思い込み、お店にあっても選択肢

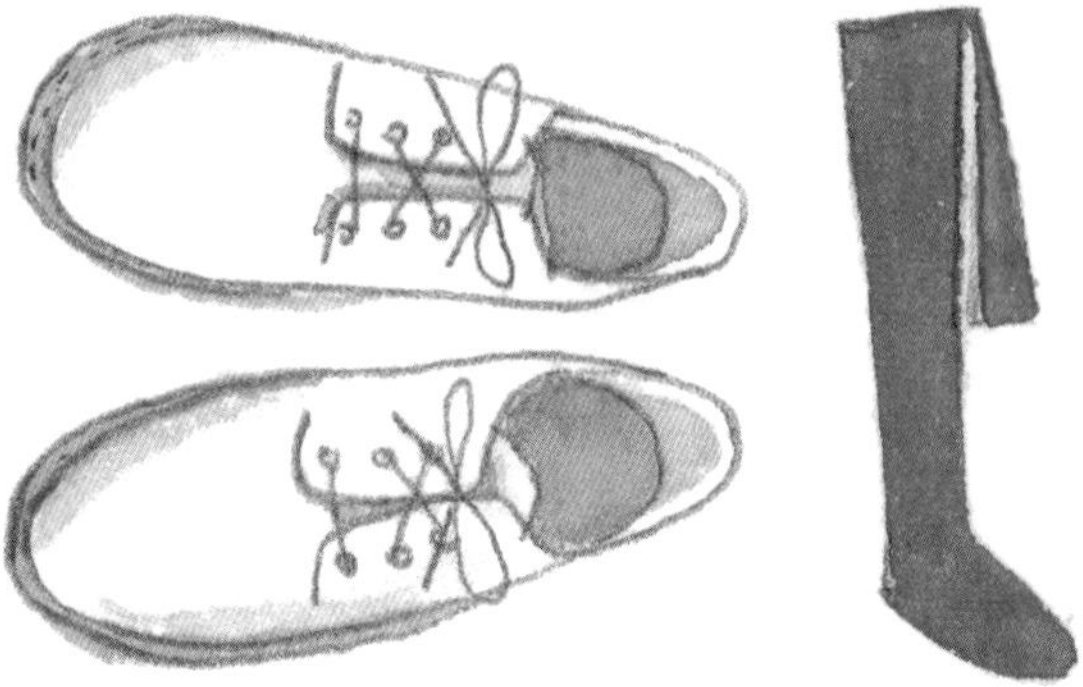

には入らなかった色だったので、余計にハッと目を奪われてしまいました。「あの取り入れ方なら自分にもできるかもしれない」。

そう思えたのは、新しい色へのうれしい発見でした。

色には人をワクワクとさせたり、キラキラと引き立てたりする力があるように感じています。これからの大人のおしゃれは、そんな色の力を借りて楽しみたいと思っています。

CONTENTS

2

ベーシックカラーを着こなす

3

きれいな色 楽しい柄を 着こなす

column

1
色のおしゃれ
大人の楽しみ方

WHIT
BEIG
GRA
BLAC
BROW
NAV
KHAK
DENI
WHIT
BEI

「無難だから」で色を選んでいませんか？

街を歩く人のおしゃれを見るのが好きです。

若い人の大胆に色を使ったおしゃれは見ているとこちらまで気持ちが若返るし、年上女性のシックな装いも素敵だなと憧れます。なかでも私が気になるのは、やっぱり40〜50代の同世代の女性（仲間たち！）です。

「肌のきれいな人は全体的に明るく見えるな」「色白な人はシャーベットカラーが似合って素敵」「暗いトーンの柄ものは老けて見えるかも」。その人の肌質やキャラクターによって、似合う色も柄も異なり、とても参考になるのです。

そうして見ているうちに、あることに気が付きました。40〜50代の女

性は、ブラックやグレーなどベーシックな色を着ている人が多く、その着こなしは、「目立たない色」「間違いのない色」という消極的な理由から選んでいるように見えるのです。

大人としてファッションで悪目立ちしたくない気持ちは分かります。だけど定番色も、組み合わせにもう少し気を使えば、着こなしはもっと素敵になると思います。

そういう私のクローゼットも、ほぼ定番色で埋め尽くされています。でもそれに気付いてから、着こなしの配色を意識して、少しでも生き生きした印象になるよう心がけています。大人だからこそ、無難な色で全体をまとめるのではなく、きれいな色使いを楽しみたいと思っています。

ついつい 無難な 色でまとめがち…

before

差し色をしたり　色のコントラストを
付けるだけでイキイキした　印象に！

after

↑
差し色を
してくっきり！

↑
同じ色味で
まとめる

↑
コントラストを
付ける

↑
小物を黒で
まとめる

年を重ねたら似合わない色が出てきた

恥ずかしながら、目を閉じて想像する自分のイメージが、35歳くらいで止まっています。「何歳？」と聞かれても、すぐには答えられないほど……。

そんな35歳で止まった「イメージの自分」と「現実の自分」とのギャップが、洋服選びに出てきています。好きで着ていた丸襟ブラウスやお気に入りのデニムも、鏡の前で合わせると、以前より似合わなくなっているのです。

それは色も同じ。ブルーやピンクの明るいパステルカラーが、以前よりも似合わなくなりました。肌がブルーベースの人ならいくつになっても似合うと思うのですが、イエローベースの私の顔まわりに持ってくると、さびしそうな印象になり顔色が悪く見えてしまうのです。若い頃は肌のハリやツヤでカバーできていたのに……。ただパステルカラーでも、ベージュなど肌とのなじみがいいイエロー系ならまだ大丈夫です。

今の自分に似合うものを知るためには、まずは今の自分を知ることが必要なのかもしれません。どんな色だと顔映りがきれいに見えるのか、イメージのままなんとなく合わせるのではなく、着たら鏡の前でチェックする。そんな当たり前のことが「似合う色選び」には大切です。だけどまずは毎日言っている「明日からダイエットしよう!」で、今の自分を仮の姿だと思うことをやめて、現実の自分を直視しなくては、ですね。

似合わなくなった
色

リネンそのままの色
のブラウス

くすんだ肌と
同化してさびしい
印象に…

ブルー×白の
ボーダーシャツ

爽やかさに負けて
より老けて
見える気がする

明るすぎる
パステルピンクのセーター

私の肌の色では
顔だけ浮いちゃう…
かわいい色は
イタイ若作りに見える

大人のカラーコーデは3色まで！

色使いの悩みが増えてきた私が実践していることがあります。それは、その日のコーディネートは3色までにするということ。

おしゃれは好きなものを着るのが一番。だからといって好きなものを合わせていくと、コーディネートがバラバラな印象になってしまうので、そんなときは思い切って全体の色数を減らします。そうすると、うまくまとまるのです。散らかっていた色が減ることで、それぞれの色がぐっと引き立ち、着こなしがより洗練されます。

その際に気を付けていることは、メリハリのある色使いでコントラストを付けること。これによりぼんやりしてきた体型や顔立ちがカバーでき、すっきりと生き生きした印象になる気がします。３色のトーンがすべて同じだと、自分の印象までぼや～とくすんでしまい、そんな日はなぜか気持ちまでたるんでしまうのです。

コントラストを付けるときは、「黒×白」など対比のはっきりした配色にしたり、靴やバッグなどの小物で色を足したりするのもおすすめです。最近のお気に入りは、靴下で色を足すこと。ちらりと足元から見えるきれいな色が、大人の遊びゴコロを演出してくれてワクワクしてきます。

5 colors
まとまりのない
バラバラな
印象
3 colors
WAO!
思い切って
3色に絞ると
スッキリ
洗練された
コーデに!!

5 colors

色が多いと
おしゃれへの
こだわりが
薄く感じて
しまう…

3 colors

色を減らすと
差し色の赤が
際立って
おしゃれ！

苦手な「色」でも似合う「色味」がある

一言で「黄色」といっても、レモンイエロー、山吹色、マスタードイエロー、たまご色など、さまざまな色味があります。だから、年齢的に「黄色は苦手」と思っても、実は似合う色味があると思っています。

以前にレモンイエローのブラウスを買ったのですが、ひと際目を引く鮮やかな色が自分には似合わない気がして、長いことタンスの肥やしになっていました。彩度の高い黄色は難しいなと思っていたのですが、同じ黄色でも彩度の低いマスタードイエローのスプリングコートは、手持ちのどんな服にも合わせやすくて重宝しています。

同じように、「ぶりっ子おばさん」になりたくないという思いから、ずっ

とピンクを敬遠していました。どうしても、「ピンク＝女性らしさの象徴」のような気がして苦手だったのです。でも最近、ローズピンクのコットンシルクのスカートにチャレンジしたら、華やかさはあるのにカッコよく着こなせることを発見しました。そのもの自体の色味を選ぶのはもちろん、黒のニットと合わせるなど着こなしに気を付ければ、私にも着こなせる甘くないピンクがあったのです。

ひとつの色のなかにはさまざまな色味や表情があるので、苦手と思っている色でも実は似合う色味があったり、合わせ方で似合うようにすることもできると思います。

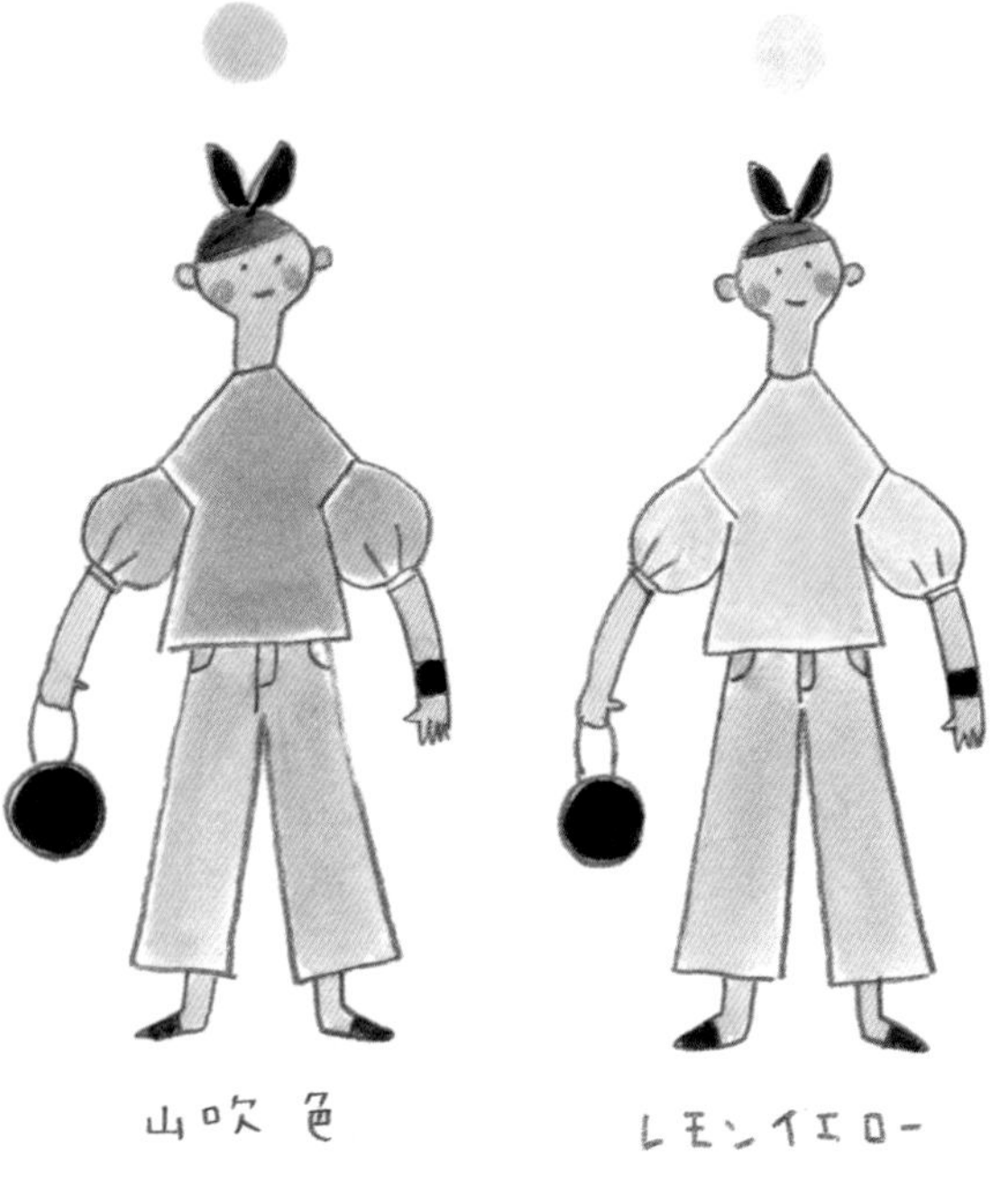
山吹色
レモンイエロー

YELLOW

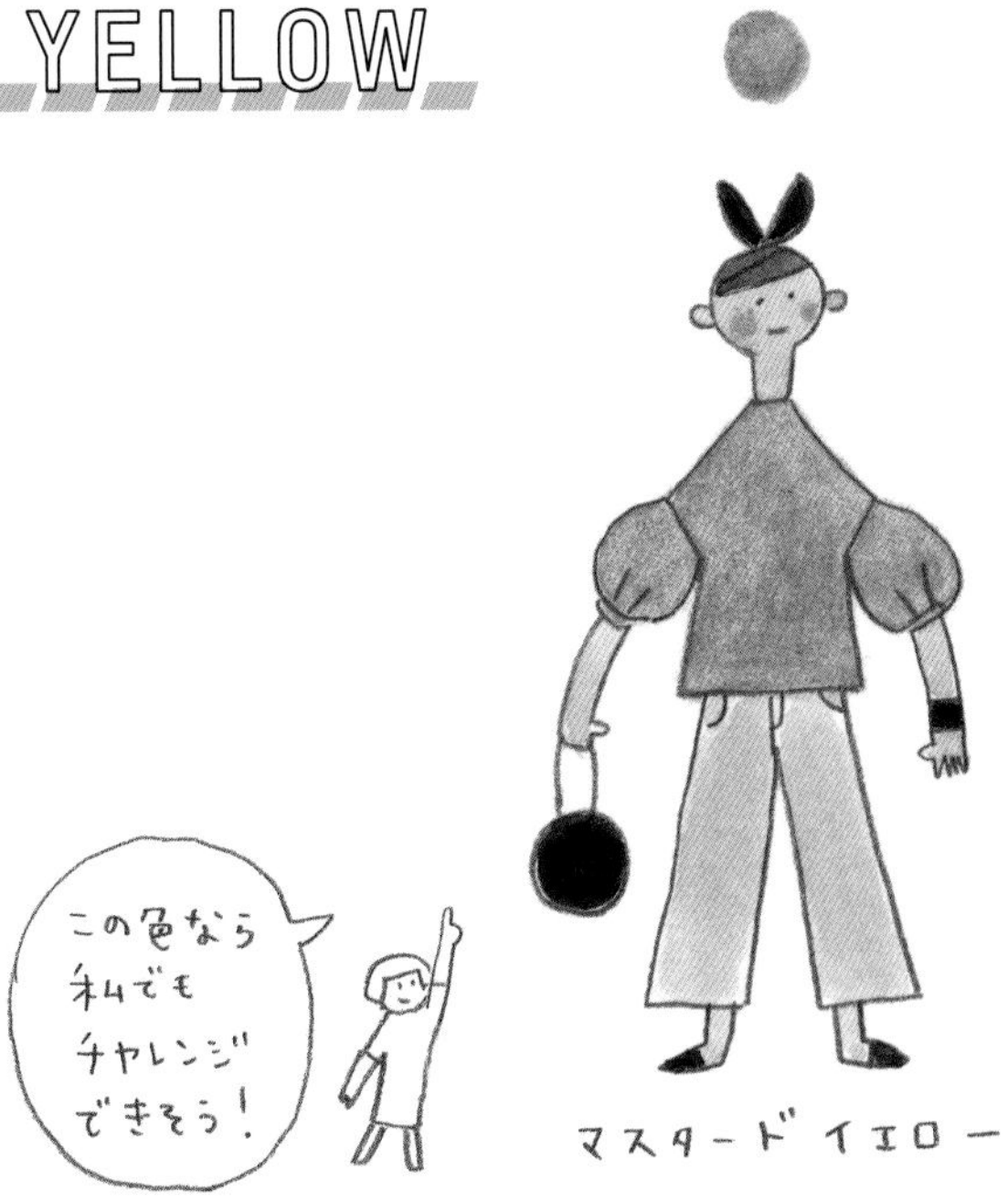
この色なら
私でも
チャレンジ
できそう！
マスタード イエロー

STUDY 色の言葉いろいろ

ここでちょっとお勉強。この書籍のなかでもたびたび出てくる「色」にまつわる言葉を紹介します。

Tone トーン

色の調子を示すもの

「赤」といっても、明るい赤や暗い赤、パステルっぽい赤、くすんだ赤などさまざまな色があります。この「明るい」「暗い」「やさしい」「くすんだ」などの色の調子を意味するのが「トーン」です。トーンをそろえて着こなすと、きれいにまとまると思います。

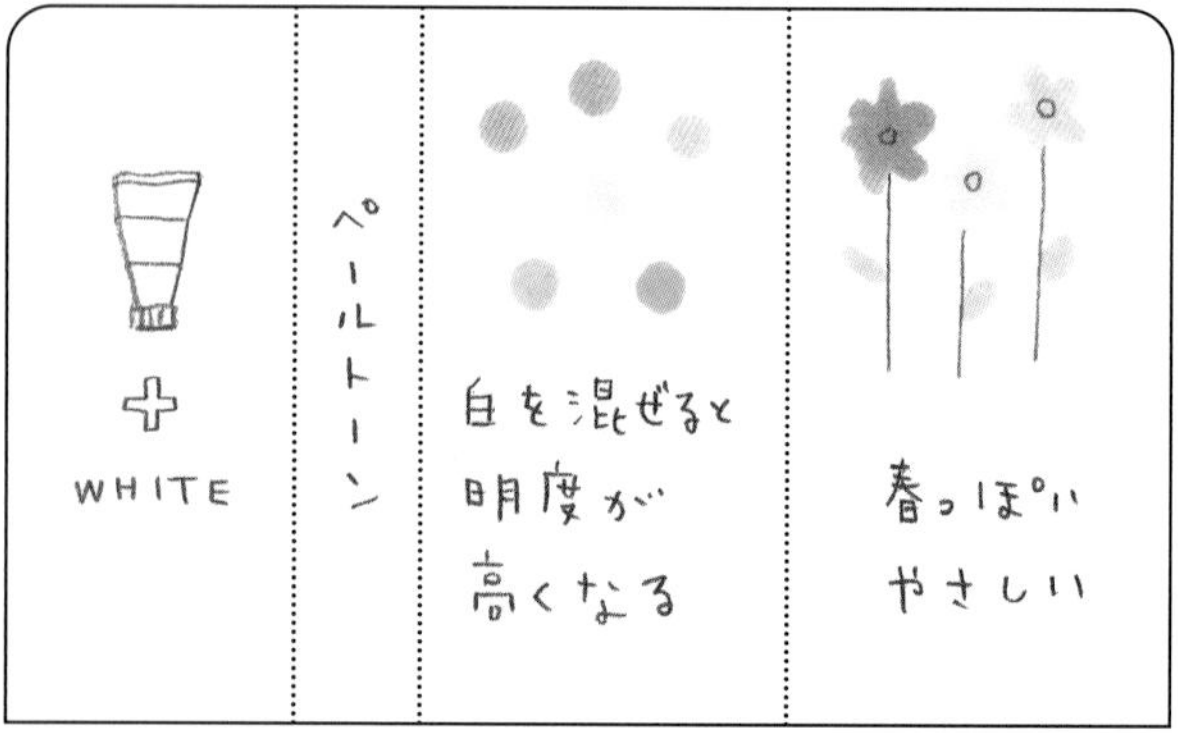
+
WHITE
ペールトーン
白を混ぜると
明度が
高くなる
春っぽい
やさしい

	ビビッドトーン	チューブから 出したそのまま の色（純色）は 彩度が 最も高い	夏っぽい POP 元気
＋ GRAY	スモーキートーン	グレーを 混ぜると 彩度が 低くなる	秋っぽい アンニュイ
＋ BLACK	ダークトーン	黒を 混ぜると 明度が 低くなる	冬っぽい シック 落ちついた 感じ

Gradation グラデーション

色の段階的変化

赤→オレンジ→黄色→緑→水色→青→紫へ変わっていく虹のように、段階的に色が変化していくことを指します。着こなしで取り入れるときも、白→水色→ネイビーなどグラデーションにすると統一感が出ます。

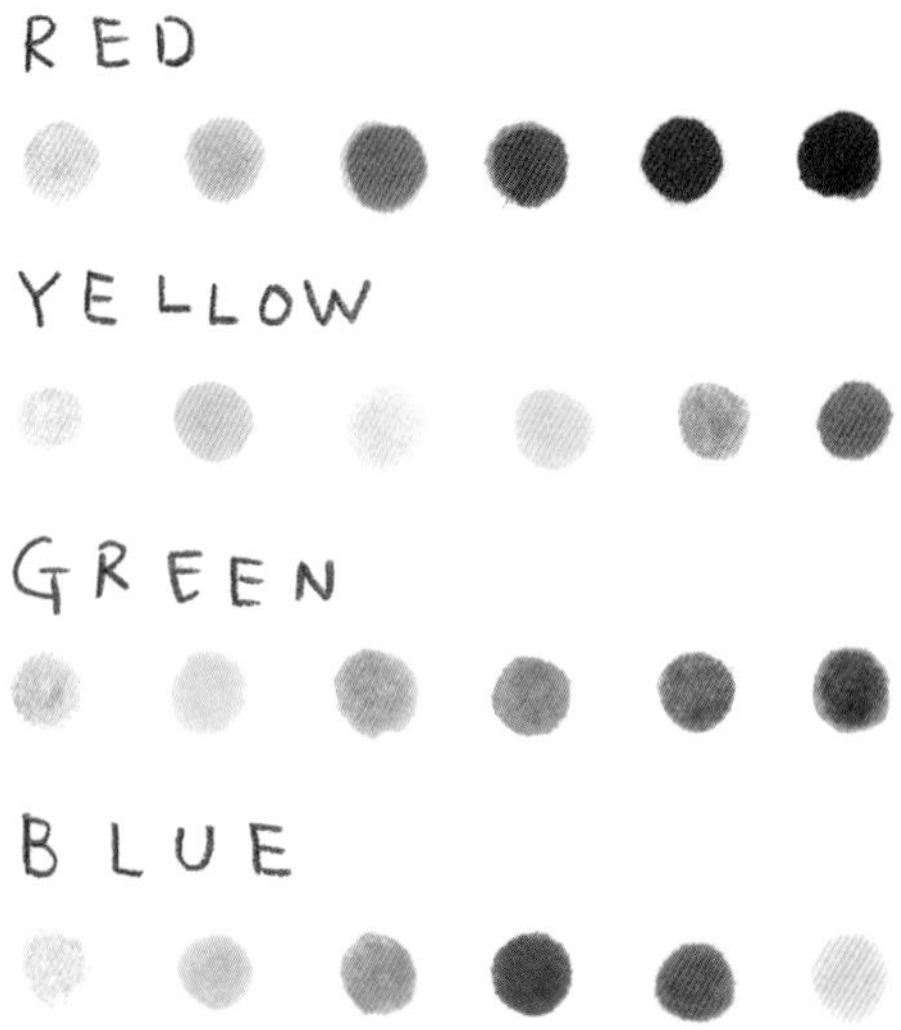

Color Image カラーイメージ

色の持つイメージ

色の好みは人によって異なりますが、色の印象は多くの人が同じように感じているそうです。服を選ぶときは、自分の体型やTPO、そしてカラーイメージもあわせて考えるといいかもしれません。

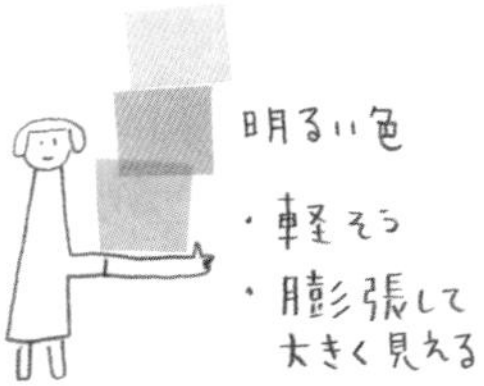
明るい色
・軽そう
・膨張して大きく見える

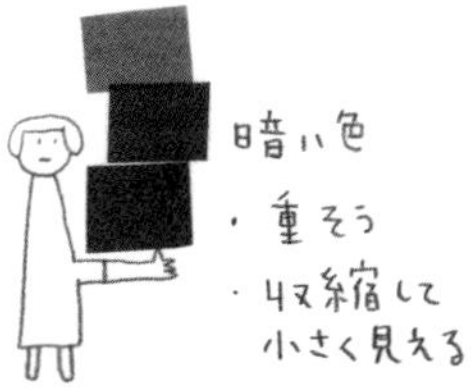
暗い色
・重そう
・収縮して小さく見える

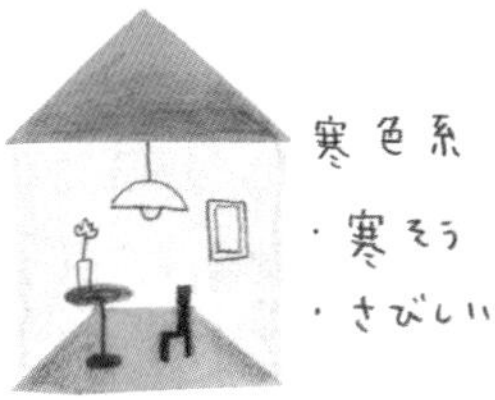
寒色系
・寒そう
・さびしい

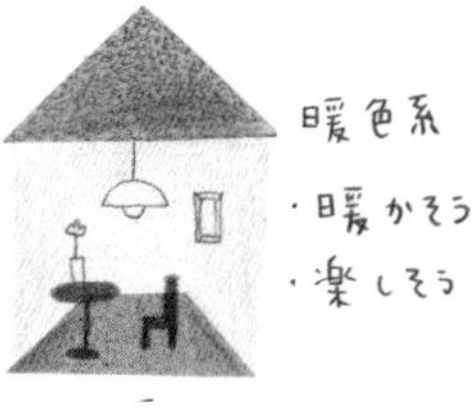
暖色系
・暖かそう
・楽しそう

＊紹介している言葉はこの書籍のなかで意味するもので、色彩学等とは異なる場合があります。

個性的なシルエットは ベーシックカラーで

私のおしゃれのテーマは、「シンプルスタイルに、ほんの少しの遊びゴコロ」を加えること。着こなしは、なるべくシンプルにするのが理想です。でも、最近は隠したい場所が多すぎて、服選びに本当に困ります。私がシンプルなカットソーを着ると、一番隠した

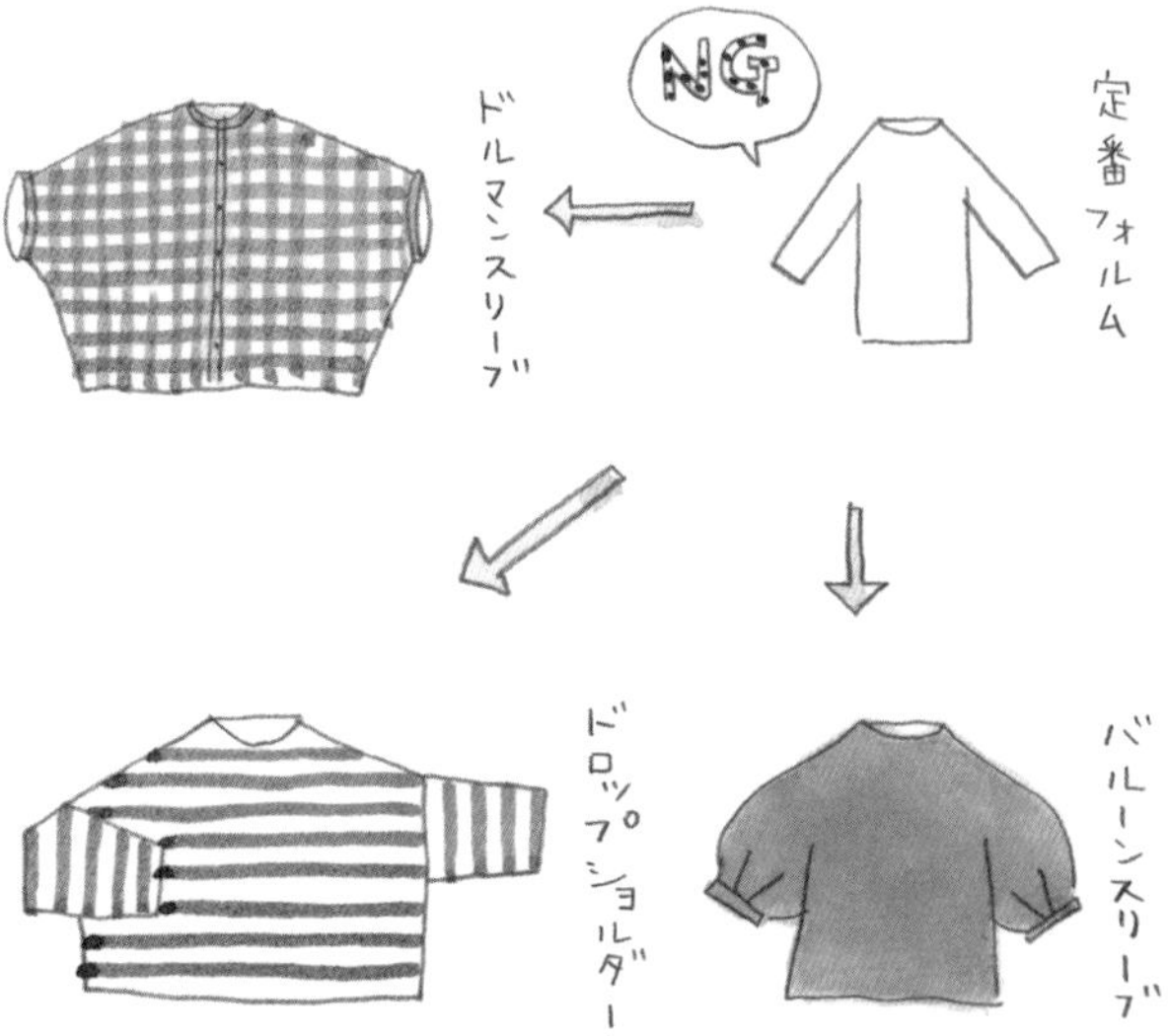

い二の腕とかお腹まわりがパツパツになって強調されてしまうし、だからといって長めのチュニックやゆるゆるスカートで隠していると、よけいにおばさんっぽくなってしまうし……。

隠すための重ね着ではなく、一枚ですっきり着られる服がほしい！と試着を重ねた結果、丸い体の自分にもすっきり着こなせる服がありました。それは肩の落ちたドロップショル

ダーや、ゆったりとしたシルエットのドルマンスリーブ、丸みを帯びたコクーンシルエットなど、体型をほどよくカバーしてくれる特徴的なシルエットのもの。

お店に並んでいるときは、こんな服誰が着るの？と思うくらい変わった形でも、いざ着てみるとびっくり！　布の落ち感が華奢に、大人っぽく見せてくれるのです。

そんな特徴的なシルエッ

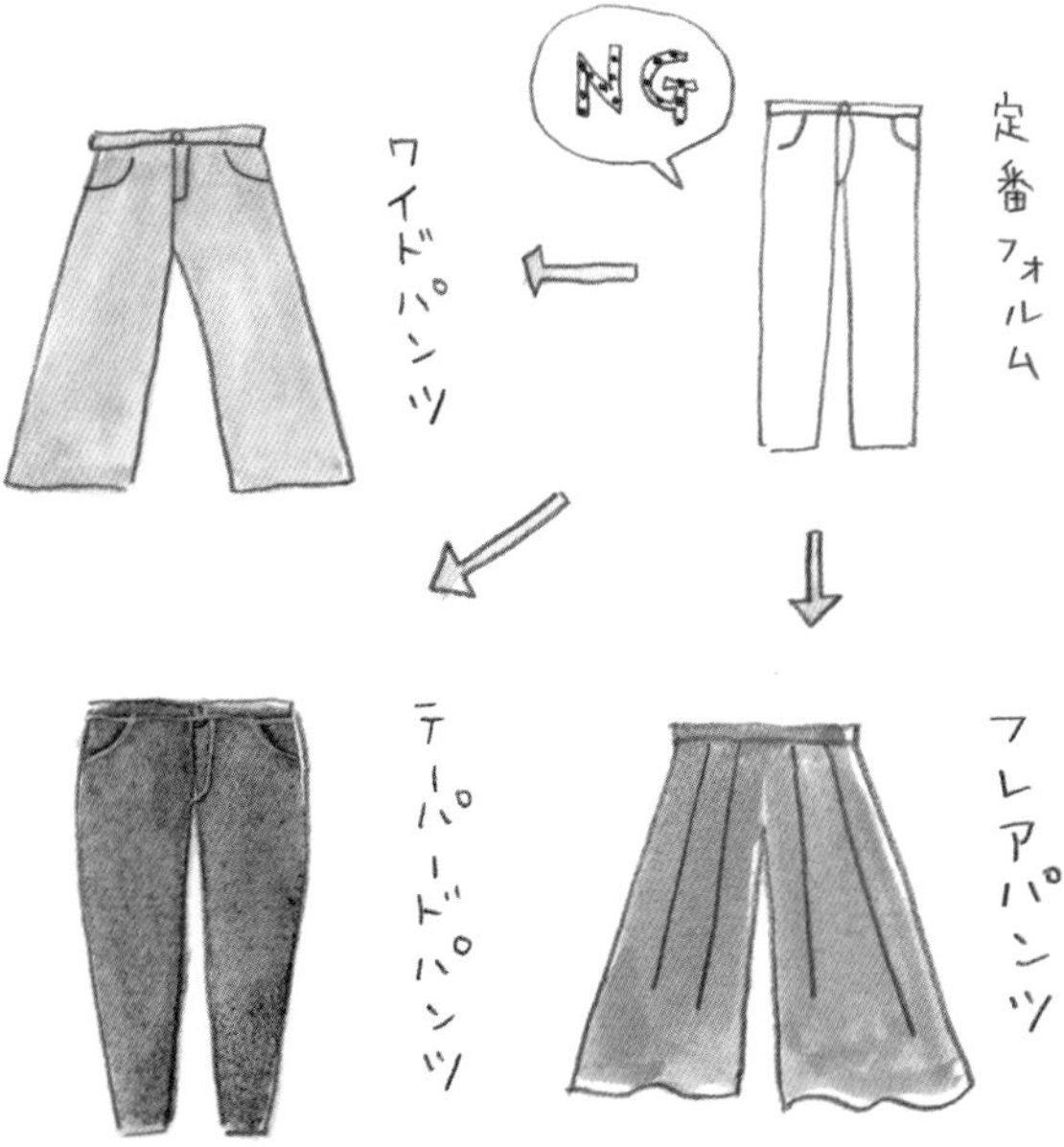
定番フォルム
NG
ワイドパンツ
フレアパンツ
テーパードパンツ

トを選ぶときは、ベーシックカラーや定番の柄にするのが鉄則。シルエットが特徴的なことに加えて、さらに派手な色や柄を選ぶと、服自体の個性が強すぎて、お笑い芸人さんのようになってしまうのです……。色は小物で取り入れるのが、今の気分です。

アクセントカラーを効かせる

スイカに塩とも言える

着こなしの仕上げに、バッグやソックス、アクセサリーなどの小物を足して、ポイントを作るのが好きです。

そのときに色小物を選ぶと「アクセントカラー」となり、少しの分量で大きな仕事をしてくれます。それは料理でいえば、スパイス的存在。最後のひとふりで全体の印象を変えたり、引き締めたりしてくれます。

小物にはざっくり大きく分けて、甘口と辛口の2種類があると思っています。

甘口小物は「かわいい系」。フリルやリボン、レース、花柄、ピンク、オーガンジー、バレエシューズなど。色でいうと、きれいなパステルカラーのイメージです。

辛口小物は「カッコいい系」。レザーやスタッズ、バングル、ブーツなど。色でいうと黒や赤、ゴールド、シルバーなど、主張の強いイメージです。

小物を合わせるときは、着こなしと反対のテイストを選んで「ミックスコーデ」を意識しています。レースのブラウスにパステルカラーの小物を合わせると夢見る乙女おばさんになってしまうので、ゴールドのバングルでクールな印象を足します。反対にワーク色の強いデニムには、白いパールのピアスをつけて女性らしさを際立たせます。

あんこに塩をかけると甘さが引き立つように、着こなしとは逆のスパイスを少し合わせることが、アクセントカラーを効かせるポイントだと感じています。

sweet

ストラップシューズ
ブローチ
花柄バッグ
かごバッグ
パールアクセ
レースのつけ襟
麦わら帽
リボンヘアターバン
ピンクのストール
バレエシューズ

cool

サングラス
革ベルト
バングル
クラッチバッグ
中折れ帽
アニマル柄シューズ
カモフラ柄バッグ
マニッシュ靴
ポインテッドシューズ
レースアップブーツ

少しの異素材で遊びゴコロを

洋服の印象は、その服の色や形だけでなく、素材によっても変わります。

シフォンはふんわりしていてかわいらしいし、コットンは素朴でナチュラル、シルクだととろみがあってツヤっぽい印象です。同じようにニットも、ざっくりニットはモコモコしていてカジュアルな雰囲気に、ハイゲージニットなら上品で落ち着いた雰囲気、でも毛玉だらけだとだらしなくなります。

だから同じ白でも、ざっくりニットとピシッとアイロンのかかったシャツでは、人に与える印象がまったく異なります。女友達と食事に行くなら、ざっくりニットの方が心おきなく楽しめるし、仕事の打ち合わせならピシッとしたシャツの方がいいですよね。

すべてを同じ色合いでまとめるワンカラーコーデやグラデーションコーデでは、同じ色でも合わせる素材を変えることでコーデに奥行きが出るように感じています。上下ともに黒にするときも、たとえば全部コットン素材にするのではなく、ボトムスはハリ感のあるギャザースカートに、足元は光沢感のある黒のエナメル靴にすれば、印象は全く異なります。異素材をミックスすることで、それがアクセントになるのです。

ベーシックな色でまとめるときは、素材感でちょっと遊びゴコロを加えるのがおすすめです。

真っ白な
ブラウス
生成り色の
ざっくりニットカーデ
全身、真っ白のホワイトコーデよりグラデーションコーデだとチャレンジしやすい！
オフホワイト 生成り、真っ白など様々な白のワントーンコーデ
シルバーの
バングル
同じ白でも素材が違うと奥行きが出ます
オフホワイトの
コットンパンツ
オフホワイトの
革靴

STUDY 色を生かすためのお手入れ

洋服の色をしっかり保つために、お手入れには少し気を使っています。ちょっとしたひと手間で、いつもきれいな色使いが楽しめます。

1 白いものは、より白く！

ウタマロ石けんを歯ブラシに付け、汚れにすりこんでから洗濯機で洗います

感動するほどまっ白に!!

手首、襟汚れに効果的！

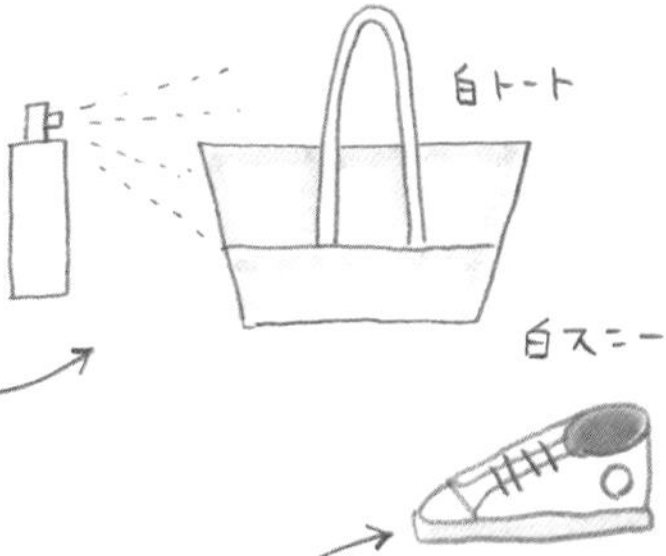

白いトートバッグやスニーカーには最初から防水スプレーをかけておくと汚れにくい！

ゴムの部分はメラミンスポンジでこするとピカピカに！それでも落ちないものは塩素系漂白剤でまっ白に！

次ページへ ←

2 麻素材は生乾きのうちにアイロンで シワを伸ばしてから干す！

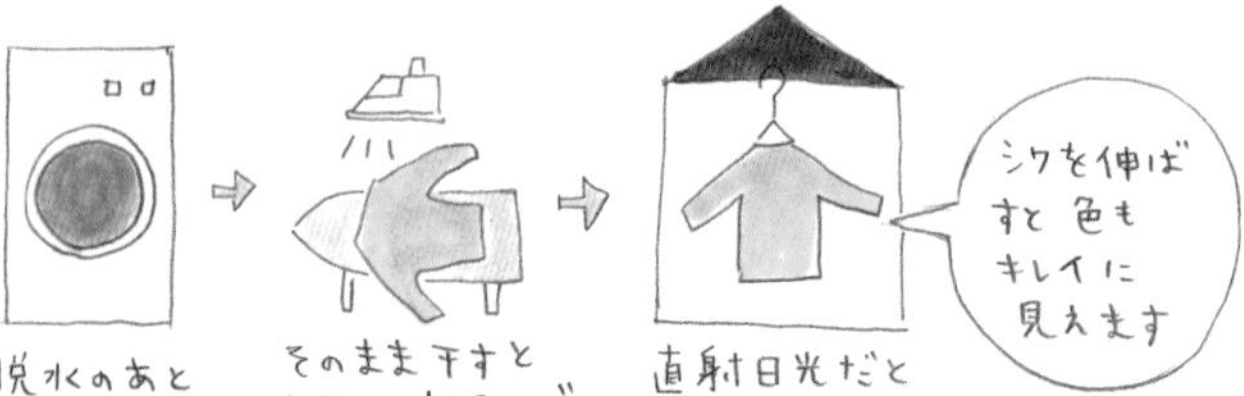
シワを伸ばすと色もキレイに見えます

脱水のあと

そのまま干すと
シワになるので
生乾きのうちに
アイロンをざざっと
かけます

直射日光だと
色落ちするかも
しれないので影干し
がおすすめ！

3 色ものは分けて洗う

犯人は
赤ワンピ

ぜーんぶ
ピンクに
なっちゃった

手ぬぐい、藍染め、
アジア衣類も色移り
しやすいので要注意！

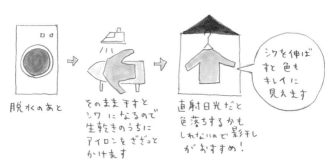

色移りしてしまったら…

乾かす前に

- 50℃以上のお湯
- ふだんの2倍の洗剤

が入ったバケツに

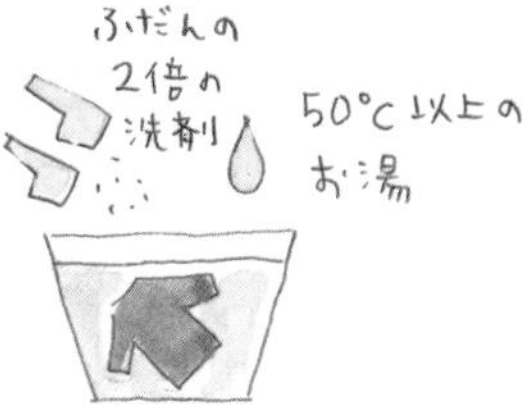
ふだんの
2倍の
洗剤
50℃以上の
お湯

30分漬け込んでから洗濯します！

おすすめ洗剤

自宅でのおしゃれ着洗いに

通販でしか買えない「ハイ・ベック ゼロ」という
ドライクリーニング洗剤がおすすめ！
つけ置き洗いでスッキリがんこな
汚れも落ちてふんわり仕上がります

ハイベック
ZERO
制服
コート
カシミア
セーター
ダウンジャケット
ドレス
スーツ

column

ブラックフォーマルをそろえたい

大人としてそろえておきたいブラックフォーマル(喪服)。私は恥ずかしながらこの年になるまで詳しいマナーも分かっておらず、礼服だけでなく、袱紗《ふくさ》も数珠も本真珠のネックレスも持っていません。手持ちのもので代用したり、母に借りたりしながら間に合わせてきました。でも最近、同じ年頃の友人がきちんとしたものを買ったと聞き、自分もそろえなければと探しはじめています。

女性の喪服は、光沢のない黒無地で派手な装飾がなく体のラインが出ないシンプルなデザインであることがマナー。肌の露出を控え、詰まった襟元と長い袖、膝下のスカート丈が基本だそうです。

小物も基本は黒で、靴は光沢のない素材、バッグはゴールドの金具などがないもの。また皮革のなかでも毛皮やクロコダイル柄などは殺生を意味し、死を連想させることから身につけないそうです。

ネックレスも2連以上のものは「悲しみが繰り返す」といわれるので、真珠、黒真珠などの1連のものに。メイクやネイル、ヘアスタイルも清楚にまとめます。

喪服は悲しみの気持ちを表すといいます。静かな気持ちで故人を偲び、しめやかな態度でのぞむもの。故人への礼を失わないように、服装に細かなルールがあるのだそうです。大人だからこそ、今の自分にふさわしい喪服を選びたいですね。

2

ベーシックカラーを着こなす

WHIT
BEIG
GRA
BLAC
BROW
NAV
KHAK
DENI
WHIT

White
ホワイト

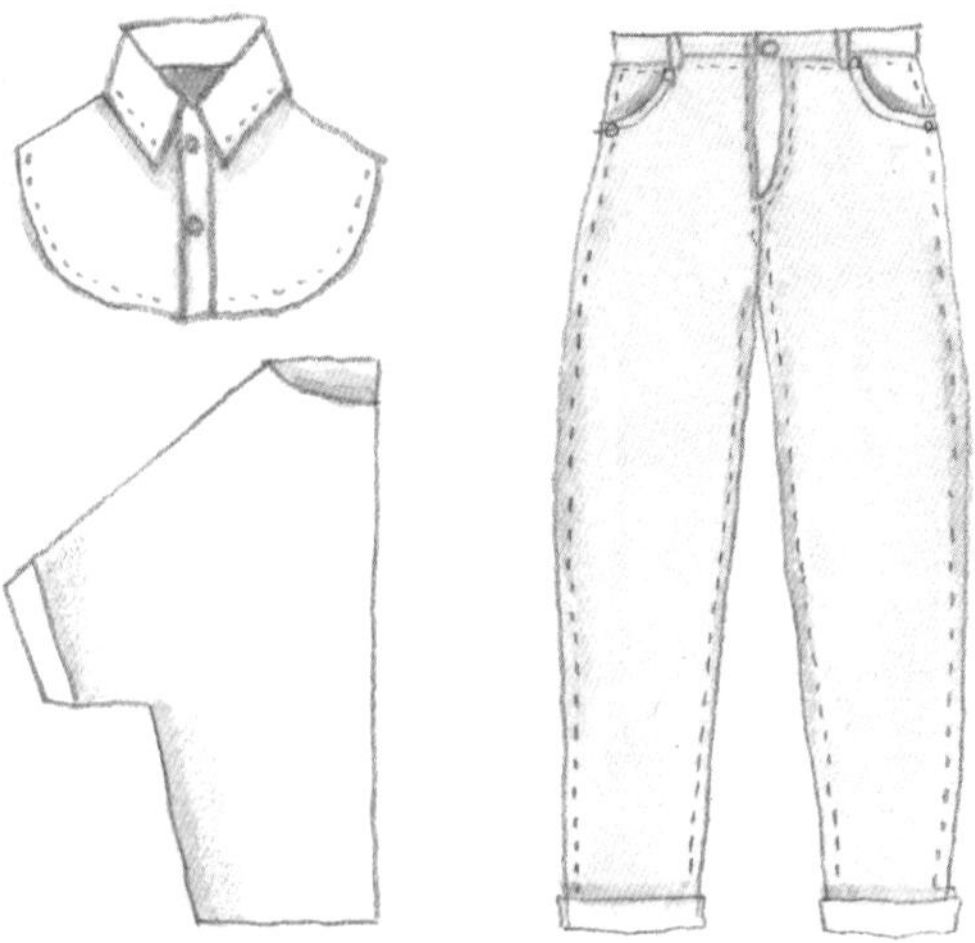

大人にうれしい顔色が明るくなる白

顔まわりに持ってくると、透明な光のように顔色を明るくしてくれるハイライト効果のある白は、大人こそ取り入れたい色です。主役にもなれば、ほかの色を引き立てることもできます。

一言で「白」といっても、ざっくりと大きく分けて3種類あります。どんな服と

も合わせやすい「オフホワイト」、クールに仕上がる青味がかった「真っ白」、ナチュラルに仕上がる黄味がかった「アイボリー」。合わせる色によって白を選ぶのも楽しいと思います。

　そんな白を着こなすために大事なのは清潔感！　洗濯、アイロンをしっかりして、きれいな白を身にまとうようにしています。

□□□□□□□□□□

ベーシックカラーと①

白×黒の
モノトーンコーデは
おしゃれに
見えること
まちがい
なし！
赤ネイル
と
赤リップ
で
大人
かわいく
キレイめ
白パンツは
勇気が
いるけど
カジュアルに
着こなせる
白デニムは
透け ないので
チャレンジ
しやすい！

モノトーンに赤リップ ●○

白デニムにバルーンスリーブの黒トップスを合わせたカジュアルコーデ。個性的なシルエットもモノトーンなら大人っぽく着こなせます。赤リップとネイルでアクセントを。

ベーシックカラーと②

青白いくらいの
白シャツは
どんな色でも
合わせられる
心強い
アイテム
ピシッと
アイロンを
かけると
白さが
増すよう!
白にベージュ
のスカートを
合わせると
まろやか
な印象に

大人の白シャツコーデ

少し青みがかったような真っ白のシャツは、アイロンをかけてパリッと着こなすとその白さが際立ちます。ベージュのスカートとゴールドアクセサリーを合わせて上品に。

ホワイト×ホワイトコーデ

ベレー帽やメガネを
合わせてもかわいい
本を持って
電車旅に
出かけたくなります
デニムなど
体型を拾わない
素材の方が
チャレンジ
しやすい！
なかなか売ってない
サスペンダーは
H&Mのメンズで発見！
42インチの
ビッグサイズの
ホワイトデニムを
サスペンダーで
コケティッシュに
白×白を
黒小物で
引き締める
白×白って
光を放つほど
目立ちます！
マブシー

白コーデは黒小物で締める

白×白は、ぼやけて太って見えるだけでなく、一歩間違えると不思議な雰囲気になる危険性があるので、黒小物で締めるようにしています。モノトーンにすれば、とたんにシックに。

きれいな色と

夏の日差しに
負けない
ポップで
涼しげな
色使い
NATURAL
赤に合わせる白は
黄味がかった
アイボリーの方が
相性よし！
リネンだと
赤など
原色の
強い色も
肌になじむ
ので
取り入れ
やすい
麻の赤ワンピに
アイボリーの
カシュクール
ワンピを
重ね着
KINOTTO
の麻の
カラーパンツ
は発色が
キレイ♡

白を涼しげにポップに着こなす

白はきれいな色を引き立てる色でもあります。発色のきれいなブルーのパンツに、シンプルな白カットソーを合わせて小物で遊べば、夏の避暑地スタイルの完成！

アイボリー×赤でナチュラルに

白のなかでも黄味の強いアイボリーは、暖色系の色とよく合います。アイボリーのリネンカシュクールの下に赤いワンピースを重ねて、小物は黒でそろえました。

Beige
ベージュ

上品にまとまる頼りになるベージュ

　ベージュは、年を重ねてから好きになった色です。若い頃はチノパンでしか取り入れていなかったので、長い間ベージュ＝チノパンのイメージで、ずっとカジュアルな色だと思っていました。ただ大人になってから、グレーに合わせるとアンニュイな雰囲気にな

るし、黒に合わせるとシックになると気付き、実は上品な色だと知りました。ブルーや赤などきれいな色を合わせると大人っぽく落ち着いた雰囲気に仕上がるのも、ベージュだからこそだと思います。

　肌の色に近く、なじみやすい色なので、はっきりした色や柄と合わせるようにしています。

ベーシックカラーと

上品でシックな
印象になる
ベージュ×黒は
大人だからこそ
似合う
色合わせ
色のある
ベレー帽で大人の
知的な遊びゴコロを!
正統派トラッド
スタイルで美術館
に行くなんて
大人だなー♡
憧れのスタイルは
アクアスキュータムか
ハイクのトレンチ
コートの前を閉じて
着ること!
やせなきゃ
マニッシュ革靴
にすれば
たくさん歩けそう!

大人のトレンチスタイル

一枚で様になるトレンチコートは、大人だからこそ似合うアイテムだと思います。ベージュにあえて黒を合わせて、色数を抑えてシックに着こなしたい。ベレー帽で遊びゴコロを。

ペールトーンコーデ

おだやかな
春の光の
ような
コーデ
どんな色も引き立てる
ベージュの
ロングカーデは
一枚持ってると
便利なアイテム
インナーはベージュの
ストライプ柄の
シャツにして
やわらかなトーンを
作ります
メンズライクな
パンツや
シューズが
やさしい色合いの
スパイスに
防寒はもちろん
スタイリングの
アクセントになる
ストールを
巻いても

淡い色みのメンズスタイル

ベージュ×白でまとめたペールトーンの着こなし。ふわりとやさしい色使いだから、あえてメンズライクに着こなして、ミックス感を楽しむのが気分です。

きれいな色と①

ベージュ×白なら
どんな差し色も
おしゃれに決まる
ボーイズっぽい
チノパンは
ふんわり
ブラウスを
合わせて
甘さと
辛さの
バランスを

ベージュ×白は小物で遊びを

ボーイズライクなベージュのチノパンにはふんわり白ブラウスで甘さをプラス。定番の色合わせなので、チェックのストールとゴールドアクセサリーのきれいな色小物をセレクト。

きれいな色と②

アースカラーの
コーデは
手仕事の
美しい
石や革など
天然素材の
アクセサリー
が似合う
華やかな
テラコッタ
カラーの
スカートと
ベージュを
合わせると
落ちついた
雰囲気に
ダークブラウンの小物でコーデを引き締め

茶系のグラデーションでシックに

ベージュのブラウスに、素焼き植木鉢のようなテラコッタカラーを合わせると落ち着いた雰囲気に。華やかだけど上品さのあるテラコッタカラーは大人におすすめの色です。

Gray
グレー

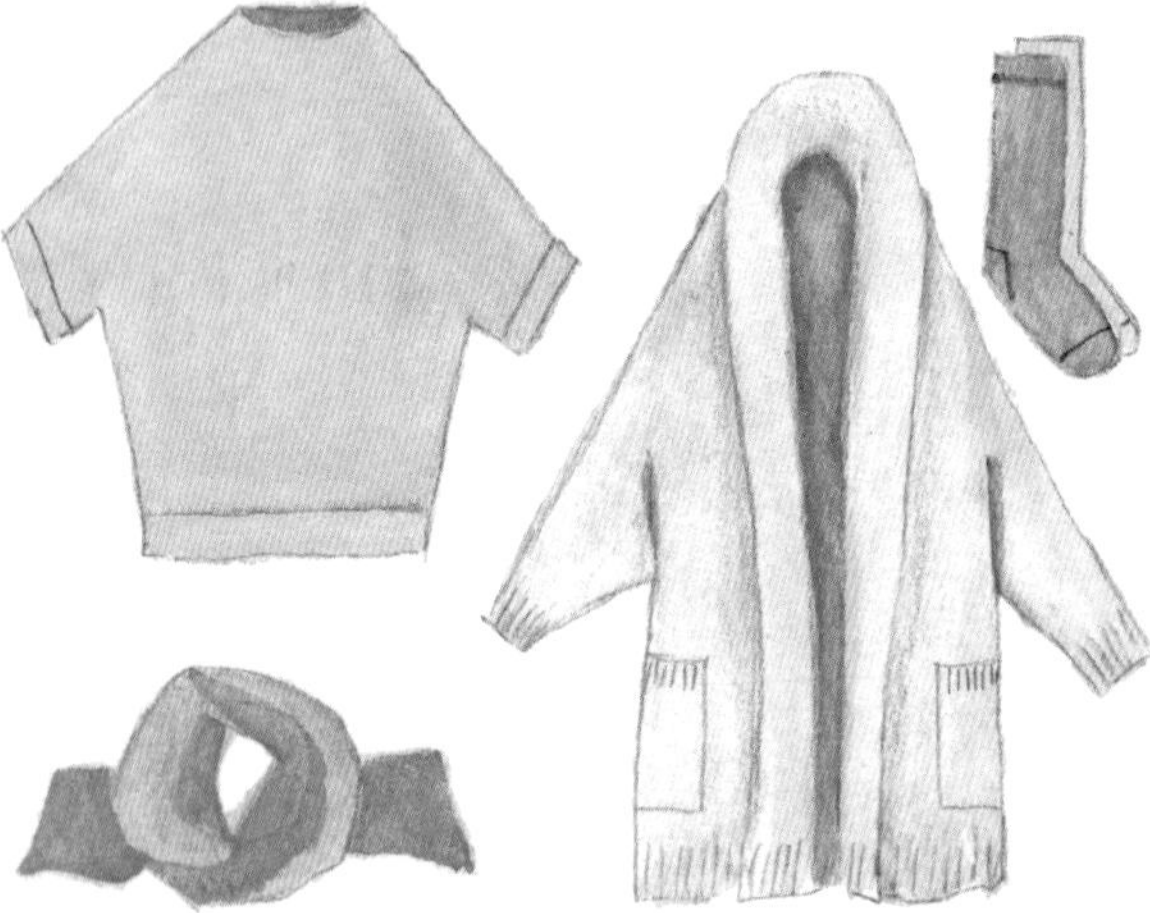

色の幅が広いグレーは肌の色に合うものを

　若い頃はそれほど好きではなかったのに、年を重ねるほどにグレーの魅力にはまり、今では季節を問わずに着ています。

　どんな色でも白と黒を混ぜればグレーになるので、ベージュっぽいものや黄味や青味がかったものなど、グレーほど色の幅が広い色

はないのでは？　加えて、スモーキーなものからライトなものまで、明るさも様々なので、自分の肌色に合う色味を選んでいます。

グレーでまとめるときは、色のメリハリがないと、ぼやけてどんよりしてしまいがちなので、コントラストを付けるように意識しています。

ベーシックカラーと①

顔色を
明るく
引き立てる
最強の
色合わせ
真っ白には
青味のある
グレーを！

顔映りばっちりな最強コーデ

青味がかったグレーは、白のなかでも同じように青味がかった真っ白と相性がいいです。ハイライト効果もあって顔映りがきれいなのもうれしい！

ベーシックカラーと②

1枚で着られるグレーのコクーンワンピはおすすめ
のっぺりしがちなグレーワンピに素材の異なるウッドアクセサリーを合わせれば奥行きのあるコーデに
食事会やプチパーティなどに出番多い!

便利なグレーのコクーンワンピ

お腹まわりなど気になる体型をきれいに見せてくれるコクーンワンピは大人にこそおすすめ。なかでもグレーはシックに着こなせて、アクセサリー次第で印象も変えられます。

モノトーンコーデ①

ボリュームのある
コサージュは
鎖骨より
上につける
とおしゃれ
上品なグレーの
ピンストライプの
ブラウスは
入学式・卒業式
どちらもOK
コーデの
テーマは
派手すぎず
地味すぎず
寒い時期
なので
防寒対策
も忘れずに！

グレーのフォーマルスタイル

黄味がかったグレーはやさしい印象なので、入学式や卒業式などフォーマルな場面でも女性らしさを演出することができると思います。黄色のコサージュでアクセントを。

モノトーンコーデ②

どんよりしがちな
グレーコーデを
白のヌケ感が
さわやかに
してくれます
青味がかった
グレーで
クールな
イメージ

冬のグレーを軽やかに着こなす

グレーのコートにあえて白を合わせて、どんよりしがちな冬のコーデを軽やかに着こなすのが好きです。トップス、ビッグトート、コンバースもすべて真っ白で統一。

Gray

きれいな色と①

グレーには
たくさんの
色味があるので
合わせる色に
よって
使い分けると
色が
引き立ちます
黄味がかった
グレーは
やわらかい
印象に

黄色には黄味がかったグレーを

黄味がかったグレーは黄色と好相性。存在感がある黄色は、グレーを合わせれば落ち着いた印象に。ボリュームのあるアイテム同士なので、黒小物で引き締めて。

きれいな色と②

グリーンには
青味のある
グレーを
合わせると
スッキリ!
スカートが
赤なら
黄味がかった
グレーを
チョイス!

緑には青味がかったグレーを

青味がかった緑には、同じく青味がかったグレーを合わせるとクールにまとまってきれいです。小物も青味がかった濃いグレーで統一すれば、大人っぽい印象に。

Black

ブラック

引き締め効果もある万能カラーの黒

黒をベースにコーディネートを考えることが多いので、持っている洋服のなかで一番多い色かもしれません。

　ベーシックカラーと合うのはもちろんのこと、モノトーンでまとめても、きれいな色を合わせても、ビシッと引き締めてくれる万

能カラーです。

ただ、オールブラックコーデのときは注意が必要。重たくなりすぎてしまうので、首、手首、足首の3つの首を見せて抜け感を作ったり、光沢や透け感のある異素材を取り入れたりして、工夫しています。この少しのことでぐっとおしゃれな印象になる気がします。

ベーシックカラーと①

ぽっこり
おなか
INするときは、おなかをへこませてがんばります
トップスをインすると足が長く見えてスッキリ
黒×ベージュはコントラストくっきりの引き立て合う色

黒×ベージュのコントラスト

黒とベージュはコントラストが強い分、色の分量がポイント。ニットをインして、黒の分量をコンパクトにすることで、ベージュのスカートの存在感を際立たせました。

ベーシックカラーと②

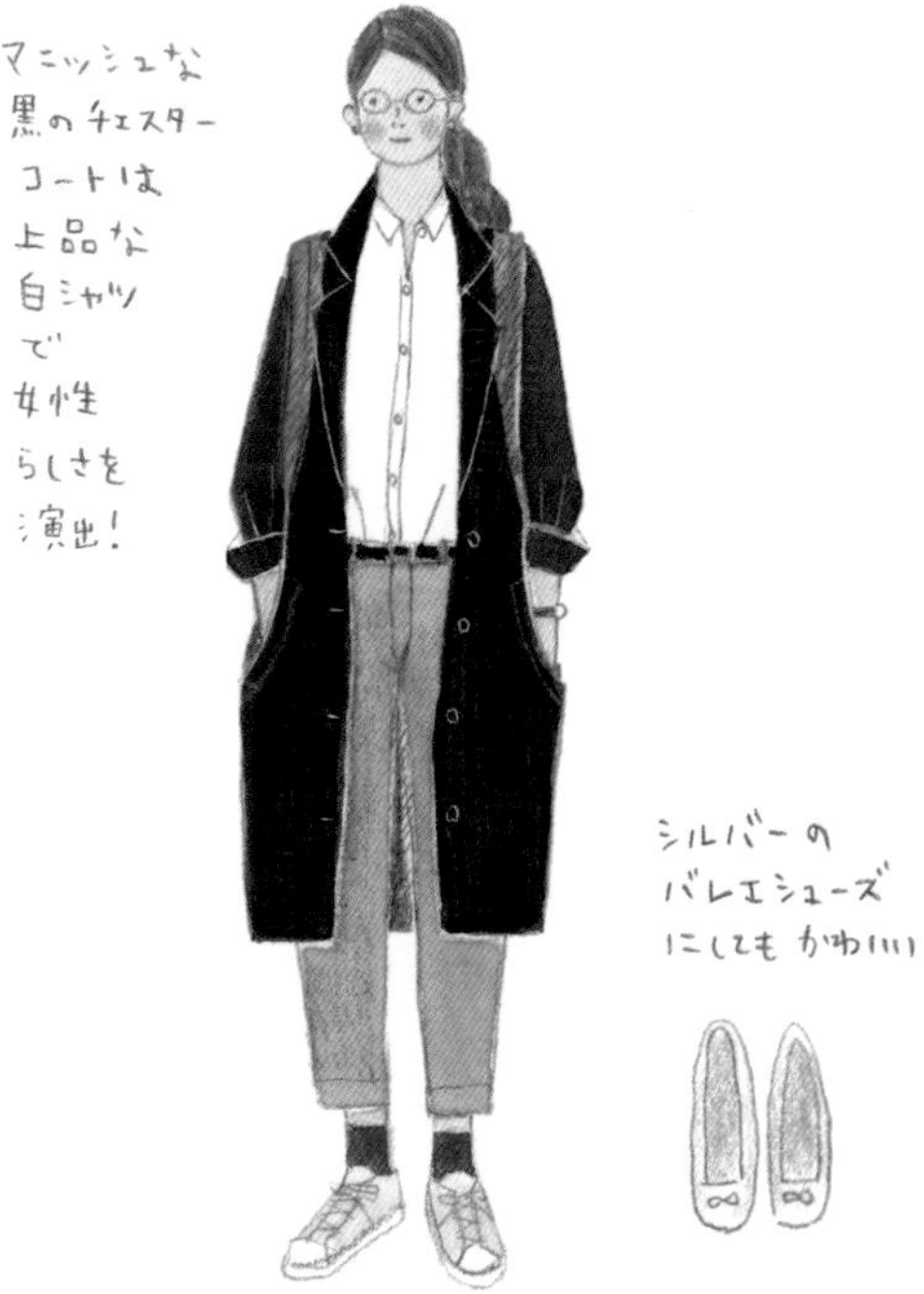
マニッシュな黒のチェスターコートは上品な白シャツで女性らしさを演出！
シルバーのバレエシューズにしてもかわいい

カジュアル黒コートには白シャツを

カジュアルでシンプルな黒コートは、白シャツを合わせて、少しきれいめに着こなして。赤いソックスで遊び心をプラス。足元はバレエシューズにするのも◎。

オールブラックコーデ①

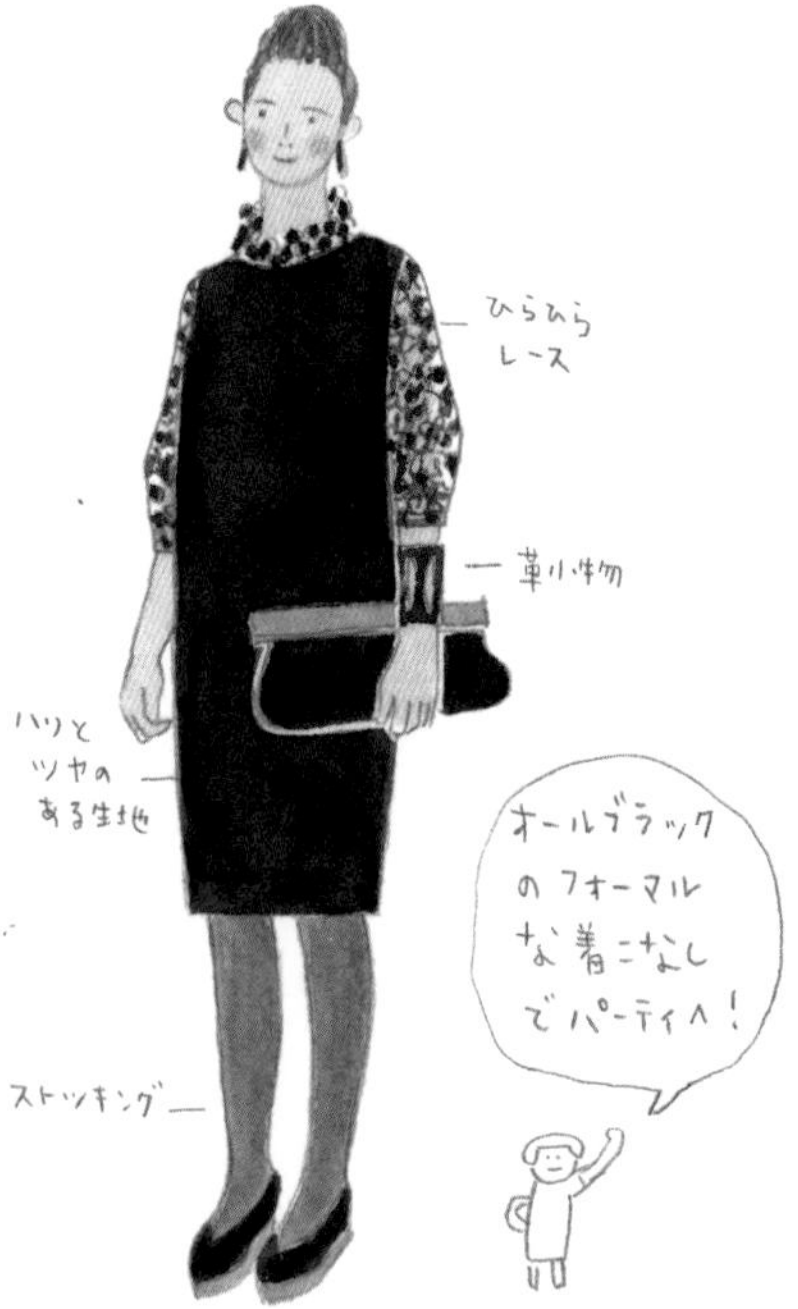
ひらひら
レース
革小物
ハリと
ツヤの
ある生地
ストッキング
オールブラックのフォーマルな着こなしでパーティへ!

大人の黒フォーマル ●

オールブラックの着こなしは、素材感の異なるものを重ねるのがポイント。光沢のある素材やレース、刺繍ものなど上質な素材でそろえれば、フォーマル仕様に。

オールブラックコーデ②

カジュアルコーデも
黒でそろえると
ドレッシーに
なる!
異なる素材を
組み合わせると
黒一色なのに
奥行きのある
コーデが
完成します!
ふわふわ
ニット
すけすけ
チュール
革
タイツ

冒険アイテムも黒なら挑戦しやすい

カジュアルコーデもオールブラックなら、ドレッシーな印象に。冒険アイテムのチュールスカートも、着こなしをすべて黒でまとめれば、大人かわいくまとまります。

きれいな色と①

白×黒の
シンプルコーデは
アクセントになる
差し色で
遊ぶのが
楽しい!
ゆるめの
コーデに
ビビッドカラー
の小物で
引き締める

モノトーンに映えるビビッドカラー

ボリュームのあるアイテム同士のモノトーンの着こなしは、ビビッドカラーの小物で引き締めて。シンプルな着こなしだから、ピアスやバングルなどのアクセサリーは必須です。

きれいな色と②

私は ファスト ファッション で買った ライダース で十分！
100% ワンピース のはおり用 です
柄ものの レトロワンピースも ライダースジャケット でスタイリッシュ に仕上がる

挑戦してほしいライダース

ワンピースにはおるためだけの、ライダースジャケットをファストファッションで購入しました。はおるだけで、甘辛ミックスコーデがすぐに完成！　おすすめです。

Brown
ブラウン

やさしい印象になる秋色カラーの茶色

　秋が近付くと、真っ先に着たくなる茶色。黄味がかった黄土色、赤味のあるレンガ色、深いこげ茶色など色幅が広く、暖色系なのでやさしい印象になります。

　ただ私の場合、最近はトップスを茶系にすると顔色がくすんで野暮ったく見えることが多くなったた

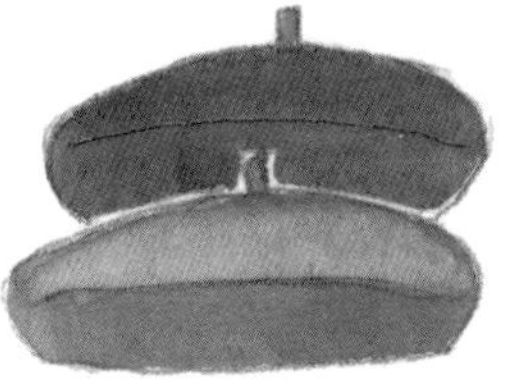

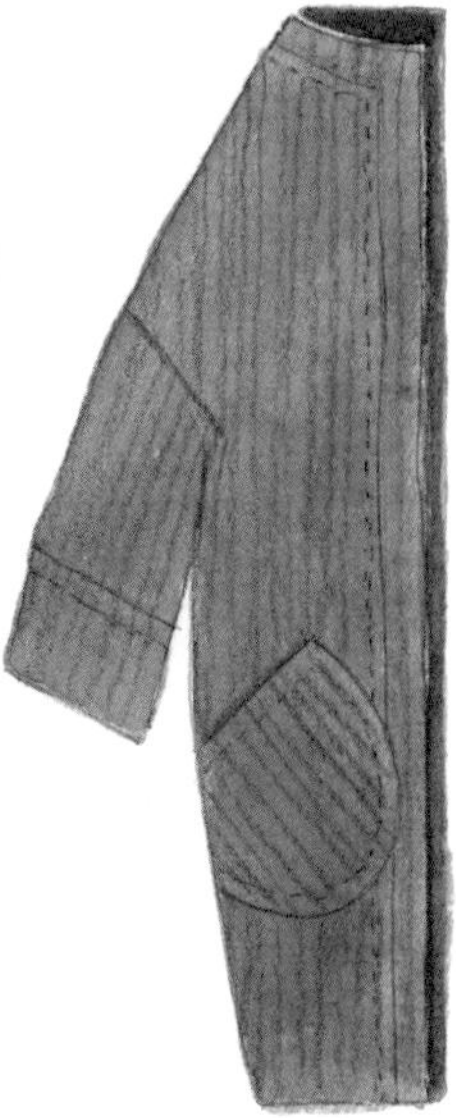

め、バッグや靴などの小物や、ボトムスで使うようにしています。

　茶系の小物を取り入れるときは、茶系ですべて統一したり、色の系統をそろえるといいと思います。「ま、いいか」と思って一点だけ黒小物も混じると、とたんにコーディネートが緩んでしまう気がするからです。

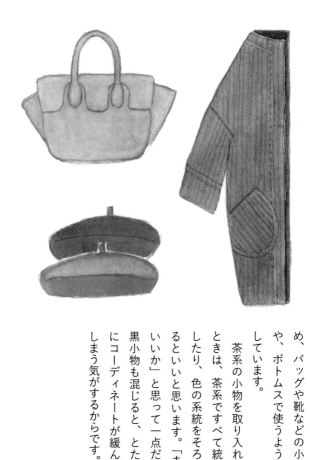

ベーシックカラーと①

キャメルブラウン
×
グレー
は上品に
仕上がる
定番の
色合わせ
ニュアンスカラー
とは原色で
ハッキリと「何色」
と言えない
ビミョーな
色のこと
茶やグレーの
複雑な
ニュアンスカラー
がおしゃれの
ポイント

茶×ニュアンスカラーのススメ

茶色はグレーやベージュ、グレージュ（グレーとベージュを合わせた色）系のニュアンスカラーと相性抜群。茶色のコートを主役に、ニュアンスカラーでまとめました。

ベーシックカラーと②

どこか
なつかしい
クラシカルな
おめかし
コーデ
色数を
抑えると
大人っぽく
まとまる！

クラシック秋色コーデ

色数を抑えるとぐっと大人っぽくまとまる茶色。合わせる白はオフホワイトやアイボリーなど、少し黄味がかった色が合います。小物はすべてこげ茶で統一。

グラデーションコーデ①

ブラウンのグラデーションコーデは人に与える印象も柔らかい
グリーン系のブラウンをプラスするとほっこりしがちなブラウンコーデが引き締まります

茶系オフィスカジュアル

茶色は人に与える印象が黒よりも柔らかいので、オフィスカジュアルも茶系でまとめれば、よりカジュアルでやさしい雰囲気に。グリーン系ブラウンの小物でアクセントを。

グラデーションコーデ②

あたたかくて
優しいブラウン
でまとめるときは
スカートより
パンツが
おすすめ！
スカートだと
やぼったいかも…

オールブラウンのパンツスタイル

温かみがあって柔らかい印象のブラウンを取り入れるなら、すっきり着こなせるパンツスタイルがおすすめ。スカートだとぼんやり、野暮ったくなりがちなので気を付けて。

きれいな色と①

スモーキートーンの
ブルー×ブラウンは
大好きな
フレンチシックな
色合わせ
家仕事に
ぴったりの
リラックス
ホームウェア

フレンチシックな色合わせ

ブラウン×スモーキーブルーの、フレンチシックな色合わせが大好きです。ビルケンシュトックのサンダルにソックスの足元で、理想のワンマイルスタイルの完成。

きれいな色と②

秋の色を
まとった
大人
かわいい
色合わせ
レッド×ブラウン
のこっくり秋コーデ
深みのある
赤を
選んで

こっくり秋色コートスタイル

寒くなってきたら袖を通したくなる、こっくりとした色合いの茶色のコートに、同じトーンの赤の小物、カーキのチノパンを合わせた秋のおでかけスタイル。

Navy

ネイビー

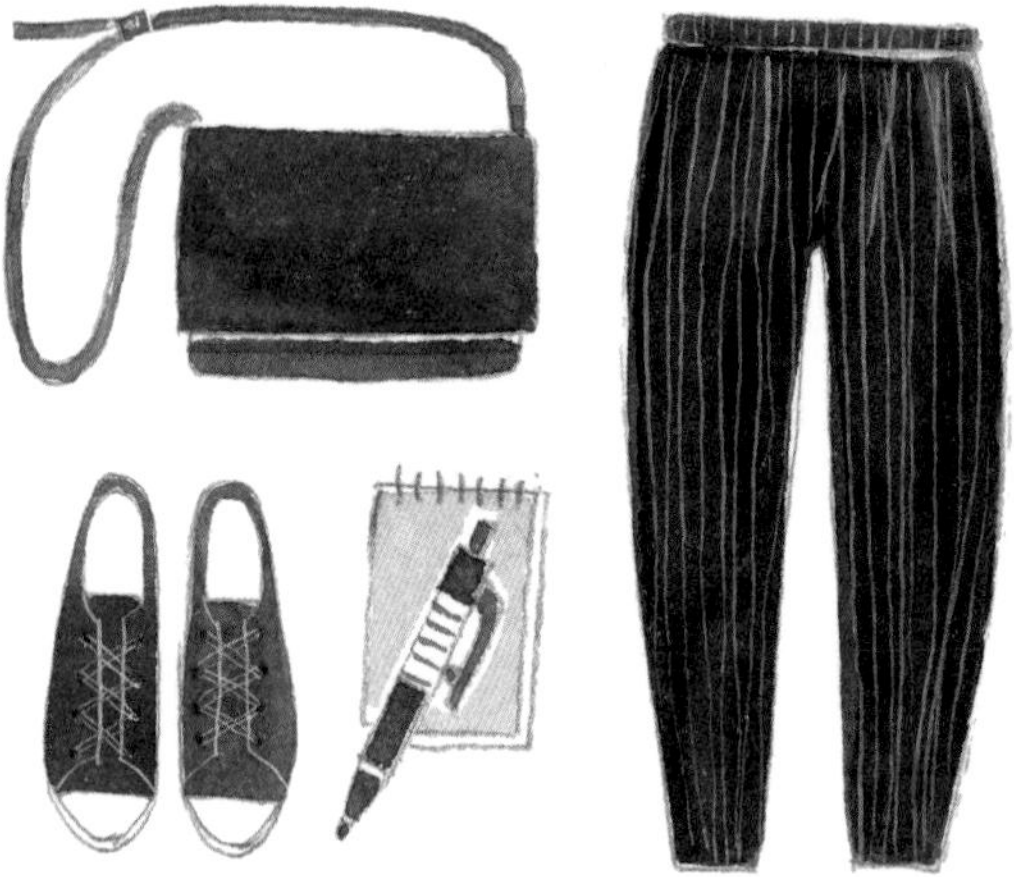

フォーマル感も軽さもあるネイビー

トラディショナルで鋭い印象のネイビーは、黒ほど重くなりすぎずにシャープにまとまる清潔感のある色だと思います。40歳オーバーの私にとっては、頼りになる色。白と合わせてネイビーに抜け感を出すのが好きです。

顔映りに関しても、落ち

着いた色でありながら黒よりも軽さがあるので、黒だと顔色がくすんでしまう人は、ネイビーを一度合わせてみるのもおすすめ。

子どものかしこまった学校行事などのフォーマルな場面で、「きちんとした自分」を演出したいときに選ぶことも多いです。

オールネイビーコーデ①

スカーフで
華やかさを
プラス
コーデュロイ
素材の
ネイビーは
きちんと感
も演出
してくれます
友人との
おでかけに

ネイビーを華やかに着る

存在感のあるネイビーのコーデュロイのワンピース。そのまま着るとのっぺりしがちなので、アクセントに柄もののスカーフを頭に巻いて、華やかさをプラス。

オールネイビーコーデ②

藍染めの
濃淡は
どの色も
味わい深く
美しい!
ネイビーの
グラデーション
でまとめた
潔い
ナチュラル
コーデ
シルバーの
アクセサリーで
ツヤっぽさ
をプラス!
夏の旅行
に着たい!

潔くクールに着こなすネイビー

夏にぴったりの涼しげな藍染めのガウンに、小花柄のストールを合わせたカジュアルリラックススタイル。アクセサリーをシルバーで統一すれば、キリリとクールにまとまります。

ベーシックカラーと①

ブルー系に
合わせる白は
「真っ白」が
マスト！
生成りや
アイボリー
だと、
ブルーが
濁って
しまい
ます
どんよりした
雨の日に 気持ちを
フレッシュにしてくれる
さわやかコーデ

白を合わせた凛とした着こなし

ネイビーに青みがかった真っ白を合わせればお互いの色のきれいさが際立ちます。雨の日もすっきりと過ごせそうなコーデです。小物をネイビーで統一してクールな印象に。

ベーシックカラーと②

ブラウン
×
ネイビー
安心感のあるトラッドな配色
ジャケットとスカートのセットアップが新鮮!

ネイビーのトラッドカジュアル

ネイビーはブラウンと合わせることで強さが少し和らぎ、トラッドな雰囲気に。ネイビーのセットアップは黒ほどフォーマル感もなくカジュアルに着こなせます。

きれいな色と①

アクセントになる
白小物を
プラスすると
コーデの
メリハリが
UP

ネイビーにとにかく映える白小物

ネイビーと白は相性がいいので、小物を白にすればコントラストが付いてメリハリのある着こなしになります。藍染めなどに合わせる場合は色移りしないように気を付けて。

きれいな色と②

くっきりした
イエロー×ネイビー
のコントラストを
やわらげて
くれる
杢グレー
の
トップス
雑貨屋巡り
をしたくなるような
イエローの小物
でポップな
コーデ

白やグレーをクッション役に

強い色でもあるネイビーはきれいな色と合わせると、コントラストが強くなりがち。少し抵抗があるなら、白やグレーなどコントラストを和らげてくれる色を挟むと◎。

Khaki
カーキ

辛口のカーキには女性らしさをひとさじ

ミリタリーやワークウェアのイメージが強く、色自体にカッコいい、男っぽい印象のあるカーキ。だからこそ大人の女性が着ると逆に女性らしさが際立つような気がします。

カーキを選ぶときは、少しきれいめに仕上げるのが、上手に着こなすコツ。

あえてフェミニンなワンピースや爽やかな白に合わせたりして、そのミックス感を楽しんでいます。メンズライクなカーキにしかできないコーデがあるのが、何よりの魅力。

ただ、カーキ一色でそろえると、軍服コスプレになってしまうので完全ＮＧです！

ベーシックカラーと①

白×カーキ
は
大人が似合う
さわやか
カジュアル
辛口色の
カーキは
カッコよく
着こなせる
のが
うれしい!

ハンサムなスカートスタイル

辛口のカーキは、スカートなどあえて女性らしいアイテムを選ぶとカッコよく着こなせます。カーキのスカートに清潔感のある白シャツを合わせました。

ベーシックカラーと②

シャツのボタンを
2つ開けて
大人っぽい
抜け感を！
ビッグ
シルエットの
シャツは
デコルテと
腕を出し
前だけIN
する
だら〜ん
ふつうに
着ると
太った人
にしか 見えません
太めの
ベイクパンツには
バレエシューズから
見える足の甲が
華奢に見える
ポイント

あえてフォーマルな小物を合わせる

カーキのワイドパンツにビッグシルエットシャツを合わせた、大人のリラックスカジュアル。手首やデコルテを出したり、フォーマルな小物を合わせてきれいめに着るのがポイント。

小物で印象を変える①

COOL
襟を立てて
大人っぽく!
カーキに
黒を合わせると
クールな
印象に!
全身がくすんだ
トーンにならないよう
白い靴がアクセント!

カーキ×黒はクールにまとまる

カーキに黒を合わせると、全体がぐっと引き締まりクールな印象に。黒一色だと重たい雰囲気になるので、ボーダーのインナーと白コンバースで抜け感をプラス。

小物で印象を変える②

ミリタリーに
ならない
カーキ
ワンピース
カーキに
ベージュを
合わせると
やさしい
印象に！
NATURAL

カーキ×茶はナチュラルな雰囲気に

カーキにベージュなどの茶系を合わせると、アースカラーの組み合わせになりナチュラルな印象に。くすんだトーンにならないように、足元は白のサボでアクセントを。

きれいな色と①

引き締めカラー
を黒ではなく
こげ茶に
すると
アースカラーの
着こなしに
カーキは
オレンジと
好相性

アースカラーのオレンジと

カーキと同じトーンのオレンジは、アースカラー同士の組み合わせになり相性抜群。こげ茶の小物を追加して、引き締めるのがポイント。

きれいな色と②

ブルーを
合わせるときの
引き締めカラーは
黒かグレーが
ベスト！
カジュアルに
なりすぎ
ないよう
アイロンを
あてて
キレイめに！
ブルーの
ソックスで
遊びゴコロ
をプラス

大人のアウトドアスタイル

カジュアルなカーキのカーゴパンツに、きれいな色のソックスとしっかりアイロンをかけたシャツを合わせれば、大人のカジュアルアウトドアスタイルに。

Denim
デニム

大人のデニムは濃いインディゴが◎

穿く人の体型や洗い方によって、色の表情が変わるデニム。深みのあるインディゴから、色落ちした薄いブルーまで色合いはさまざまですが、大人なら色落ちの少ない濃いインディゴをきれいめに穿くのがおすすめです。

若い頃はよくスキニーデ

ニムをよく穿いていたのですが、最近はお腹とお尻のお肉の垂れっぷりが気になってきたので、デニムはジャケットやコート、ワンピースで取り入れることが増えました。

　デニムはまとうだけで、颯爽とした風が吹き抜け、カッコいい自分になれる気がします。

ベーシックカラーと①

子どもっぽく
なりがちな
オーバーオール
にグレーの
ロングカーデ
を合わせて
大人っぽく!
70'S フォーク
歌手にならないよう
タテ長シルエットで!
遊びゴコロの
あるオシャレは
わくわくします

オーバーオールはシックに着こなす

一歩間違えると時代錯誤になってしまうオーバーオールは、シックな色のロングカーデで大人っぽくまとめるのがおすすめ。黒のアクセサリーやパンプスでピリッと引き締めて。

ベーシックカラーと②

ベーシックな
コートに
マニッシュな
スタイルを
合わせると
女性らしさ
がUP
ベージュの
コートには
濃いめの
デニムを！

トラッドに着る濃いめのデニム

インディゴブルーの濃いデニムは、トレンチコートを合わせて、トラッドに着こなすとカッコいい。あえてメンズライクに着こなして、かごバッグで遊び心を。

デニム×デニムコーデ

コートとパンツは同じ色の濃さでなくてもOK
カジュアルな装いの時こそ、髪や指先のケアはしっかりと！
product のヘアワックス
デニムはカジュアルでメンズライクな印象なのでアクセで女っぽさを引き出す
Aēsop のハンドクリーム
ツヤをON！
肌見せのバランスが大事
ビビッドカラーを差し色にしてもポップでかわいいい！
ロールアップして手首や足首を見せて女性らしさを

女性らしさをプラスするのがカギ！

デニム×デニムは挑戦的ではあるものの、パンプスとゴールドアクセサリーで女性らしさを足せば、大人も素敵に着こなせます。ワックスやクリームで髪や肌にツヤをプラスするのも忘れずに。

きれいな色と

Gジャンは死語？
デニムジャケット？
ゆったりしたリラックスワンピにコンパクトなGジャンを合わせて
マスタードイエローの麻ワンピとデニムは相性のいい色合わせ
デニムを着るとフレッシュな「気」をまとうようで元気が出ます
ネイルとリップもRED
究極のシンプルスタイルに小物を好きな色でまとめれば自分らしいスタイルに！

デニム ジャケットに挑戦！

デニムパンツ以外にも最近はジャケットも気になります。コンパクトなサイズ感なら、着こなしにメリハリも付き、きれいなイエローのワンピースをカジュアルに着崩せます。

自分らしく 色小物で遊ぶ

デニム×黒のタートルネックの究極のシンプルスタイルには、赤小物と赤メイクで自分らしさをプラス。自分の好きな一色でアクセントを付けると気分も上がります。

column

おばあちゃんの小豆色

小豆色は、私が勝手におばあちゃん色と呼んでいる色です。

おばあちゃんのファッションを描くため、様々なところでシニアの方を観察していた時期があります。そのとき、小豆色を着ている方が圧倒的に多かったのです。

若い人が着ても合わせ方によって素敵に着こなせると思うのですが、何十人ものおばあちゃんのファッションを描いているうちに、「小豆色はおばあちゃんの色」という印象が私の中で強く残ってしまいました。小豆色には女性らしさ、かわいらしさもあるけれど、身につけると老けてしまうような錯覚に陥り、イラストを描きながら、私だったらおばあちゃんになっても「赤」を着こなす攻めたファッションがしたい！と、謎の野望を持つようになりました。

ところで先日、夫がおじいちゃんに見える色があることを発見してしまいました。白髪交じりのボウズ頭の夫(45歳)はその日、深緑色のニットにグレーのパンツを穿いていたのですが、このヘアスタイルと配色のメリハリのなさとの相乗効果で、「おじいちゃん」にしか見えなかったのです。黒のニットにデニムだと年相応に見えるのに、深緑をメリハリなく着こなすことが恐ろしいことも知りました。おじいちゃん色(深緑色)とおばあちゃん色(小豆色)、身につけるときは要注意！と思ったのでした。

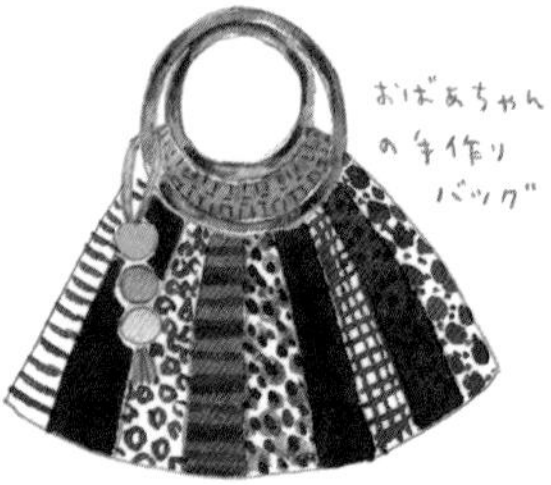

3

きれいな色 楽しい柄を着こなす

WHIT
BEIG
GRA
BLAC
BROW
NAV
KHAK
DENI
WHIT
BEIG

元気をもらえる主役級カラー

Red

レッド

ほんの少しの
「赤」こそ
大人かわいい
差し色コーデ
ビッグ
シルエットの
ワンピース
に
ロングネックレス
で縦ライン
を作ります
ゆったりした
フォルムの
かわいい
ワンピース
は
ラクチン♪

赤は一番好きな色。赤いネイル、赤いバレエシューズなど、コーデに赤を少し足すだけで「大人のかわいらしさ」を演出してくれます。色味や取り入れ方を意識して、年齢に合った「赤」を楽しんでいます。

ほんの少しの赤をプラス

シンプルな黒ワンピースは小物で遊ぶのが楽しい。小さな赤いバッグと赤いソックス、ゴールドアクセサリーを効かせれば、大人かわいい差し色コーデの完成。

1枚で着る
赤カーデ
は上質
なもの
を…
胸元の
ボタンを開けて
大人っぽく
濃いめの
デニムが
相性
good!

赤×ネイビーの引き立てあう色

赤×ネイビーはお互いの色を引き立てあう組み合わせ。深みのある赤と濃いインディゴデニムの落ち着いた大人のカジュアル。一枚で着るカーディガンは上質なものを選ぶと◎。

赤は
着るだけで
元気に
なれる色！
パワーアップ
ブラウンは
赤の強さを
ほどよく
やわらげて
くれるので
チャレンジ
しやすい
色合わせ
温かみのある
秋冬の装い
になります

温かみのある秋スカートの装い

きれいな赤のスカートは主張が強いので、ブラウンのニットで赤の強さをほどよく和らげて。赤×茶は挑戦しやすいので、ぜひ試してみてください。

OK
大人かわいい
簡単にできる「赤タイツ」1点のみの差し色コーデはおすすめ!
NG
やりすぎ〜
おばさんぽい
華やかな赤の差し色は多くても2点まで!
少しくすんだ赤だと肌なじみもよく派手すぎません
冬のパーティシーズンに赤のワンピースが華やかでかわいい

赤をクールに着こなす ●●

深みのある赤を選べば肌なじみがよく悪目立ちしません。冬のお呼ばれには、赤いワンピースに黒アウターをはおって、クールに決めるのも素敵です。

フレッシュなビタミンカラー

ellow

イエロー

グレーの
チェスターコート
がイエロー効果
で軽やかに！
イエローは
グレーと
合わせて
他の色味を
抑えると
大人っぽい
カラーコーデ
になります
スニーカーを
合わせて
アクティブに！

コーディネートが華やぐ黄色。きれいな発色にもし抵抗があるのなら、黄色の明るさはありつつも取り入れやすいマスタードイエローがおすすめ。グレーやネイビーなどのベーシックカラーともなじみがいいです。

軽やかなグレー×イエロー

グレー×イエローは大人っぽさのなかにかわいさが光る、軽やかな色合わせだと思います。インナーで挑戦した明るいイエローも、グレーがやさしく包み込んでくれます。

新緑の頃に
着たくなる
イエロー
スカート
横断歩道でコケた
経験アリ
マキシ丈スカートは
裾を踏んで
コケやすいので
注意!
ふわふわの
マキシ丈スカート
は歩くたび
風をはらんで
ときめきます♡
ただし,階段で
はふんづけるので
要注意!

スカートを主役に引き算を ◯

歩くたびにふわりとはためき、その様子に思わずときめく、イエローのマキシ丈スカート。スカートが思いっきり目立つように、シンプルなカットソーを合わせた引き算スタイル。

IDÉE
POOL
の
リネン
コート
すごく
着やすい！
マスタード
イエロー
×
ネイビーは
大人も
着やすい
リラックスコーデの
足元はマニッシュ靴
で引き締めて

相性抜群なイエロー×ネイビー

イエローのなかでも取り入れやすいマスタードイエロー。ベーシックな色と合わせるなら、ネイビーがおすすめ。コントラストが強い色合わせなので、白小物で抜け感をプラス。

元気になる
BEE カラー
首元に明るい
色を使うと全身が
華やかに見えます

ちょっとだけ鮮やかな黄色を

モノトーンに鮮やかなイエローを合わせると、まるで蜂のような元気な色合わせに。首元に鮮やかな色を持ってくると目線も上がり、全身のバランスもよくなります。

大人はあえて
カッコよく着こなす

Pink

ピンク

ピンクは苦手だったのですが、肌映りのいいピンクを見つけて挑戦したところ、意外にしっくりきたのでそれ以来着るように。シンプルなアイテムを選べば、華やかさはありつつもカッコよく着こなせます。

何かがうまく
いかない日は
ウキウキした気持ち
になるピンク
をプラスして
気持ちを
上げて
こう

ピンクを身につけて気分を上げる

ピンクを着ていると、なぜか気持ちが上向きになります。メインで取り入れるのが難しかったら、ストールや靴下、ちらりとのぞくインナーなど、小物で取り入れるのがおすすめ。

フューシャピンクは
大人に似合う色。
黒だけでなく
白、ネイビー、
グレーなど
ベーシック
カラーと
相性
よし!
数十年
ぶりに着た
ピンク!

大人におすすめのフューシャピンク

ピンクのなかでも鮮やかなフューシャピンクは大人にこそ似合う色だと思います。スカートが鮮やかなので、合わせるアイテムはグレーに統一して、大人っぽく着こなして。

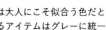

大人の女性が
ピンクを着るときは
「カッコよく
着こなすこと」を
意識して!
辛口カラー
と合わせて
バランスを
とります
甘 ピンク
×
辛 カーゴパンツ

ピンクはカッコよく着こなす

大人がピンクを着るときは、「カッコよく」着こなすのがコツ。ピンクのトップス×カーキのカーゴパンツを合わせて、甘辛コーデに。白小物でアクセントを。

ラブリー
&
スウィート
すぎて ダメな
シリーズ
① ふたつくくりのヘアスタイル
② フリル、リボンがトゥーマッチ
③ 大人になって肌の出しすぎはイタイです

ピンクの
ふんわりニットは
誰からも
好印象の
アイテム
スカートでなく
パンツにすると
甘くなり
すぎません

ふんわりニットはパンツスタイルで

ときにはピンクのふんわりニットを着るのも、ファッションの楽しみだと思います。甘いアイテムなので、グレーのワイドパンツで甘さを抑えて。

色ビギナーさんにおすすめ

Blue

ブルー

青に合わせる白は
青味がかった
白がスッキリ
爽やかに
見えます
COOL

色が苦手な人でもブルーなら取り入れやすいと思います。おすすめは鮮やかなロイヤルブルー。黒や白との相性もよく、ハッキリした色が、くすんだ大人の肌を明るく、体のラインをシャープに見せてくれます。

スカートをクールに着る

青×白×黒で、クールに着こなすスカートスタイル。青に合わせる白は青みがかった真っ白だと、すっきり爽やかな印象になります。

明るめブルー
×
ベージュ
の
光を放つ
コーデ
キリリと
透明感の
ある
色合わせ
シルバーの
シューズや
バッグが
キラリ☆

やわらかく透明感のある色合わせ

明るいブルー×ベージュのペールトーンで合わせれば、透明感のある着こなしに。ぼや〜と霞んでしまわないように、シルバーの小物で引き締めて。

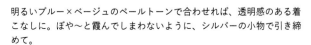

引き立て合う
黒×ブルーの
色合わせに
ストライプ柄
をプラスして
着痩せ効果
UP
薄いブルーは
パジャマっぽく
なってしまう…
深めの
ロイヤルブルー
を選べば
大人っぽい

モノトーンに効かせるブルー

深いロイヤルブルーは色が苦手な人でも取り入れやすい色。モノトーンの着こなしのアクセントにブルーを効かせれば、メリハリのある着こなしに。

ブルー×グレーの
リバーシブル
大判
ストールを
主役に！
ブルーの
縦長ライン
を作って
スッキリ
細見え！

アンニュイな雰囲気のグレー×ブルー

青味がかったグレーとブルーはなじみのいい色合わせ。その2色がリバーシブルになったストールは、はおるだけでしっとりと大人の表情に。

明るい爽やかカラー

Green

グリーン

木々や葉の色を思わせ、爽やかな風が吹き抜けるようなグリーン。茶色と合わせれば温かみのある色合わせに、モノトーンと合わせれば清々しさがアップします。差し色に使うのもきれいです。

グリーンの
トップスを
主役に
するため
ほかは
茶系で
まとめます
小物は
トーンを
暗くして
コーデ全体を
引き締めて

グリーン×茶で落ち着いた印象に

グリーンのトップスを主役に、ほかは茶系でまとめた着こなし。グリーン×茶は落ち着いた雰囲気にまとまります。パンツよりもさらにトーンを落とした茶色の小物でメリハリを。

ゆったり
着心地のいい
服が好き!
だから
こそ、
ゆるみ
すぎに
注意!
明るい
ライムグリーンの
カシュクールワンピ
暗めのグレーを
合わせると
シックで上品に
仕上がります
潔く
決めた色の
ほかは
何も足さない
ことが
カラーコーデの
ルール
大人靴
にしても
good

ライムグリーンをシックに着こなす

明るいライムグリーンは黄色と同じく、グレーと好相性。インナーは白、ボトムスはグレーにすれば、ライムグリーンの軽やかさはそのままに、シックに着こなせます。

おつかれさまです
グリーンのボタニカル柄は
どうしても リゾート感が
出るので、ビジネスには
NGですね…

白×黒×
ビビッドグリーン
の メリハリの
ある組み
合わせ
モノトーンコーデ
に 布バッグ
をプラスする
だけの
お手軽
カラーコーデ

モノトーン×グリーン小物

ボーダーカットソーに白オーバーオールのマリンコーデには、どんな色もきれいに映えます。そこに緑の小物を足した、爽やかでボーイッシュな着こなし。

渋めのグリーン
には　こげ茶色を
合わせると
秋色カラーで
大人っぽい!
バッグから
チェックの
ストールを
覗かせると
華やかな
アクセントに
なります
運動会の
応援に
ぴったり!
白のインナー、
バッグ、
スニーカーで
軽やかさと
爽やかさを!

深緑のこっくり秋の色合わせ

深みのあるグリーンにこげ茶を合わせれば、こっくり秋の装いに。重たくなりすぎないように、白インナーとグレーのパンツで軽やかさを出して。

上品な雰囲気にまとまる

Purple

パープル

気品があるので、大人の女性にとって着こなしやすいパープル。ただ、ヒラヒラキラキラ素材だと夜の雰囲気が出てしまうのでご注意を。スモーキーなパープル×ベージュは私の鉄板おしゃれカラーリングです。

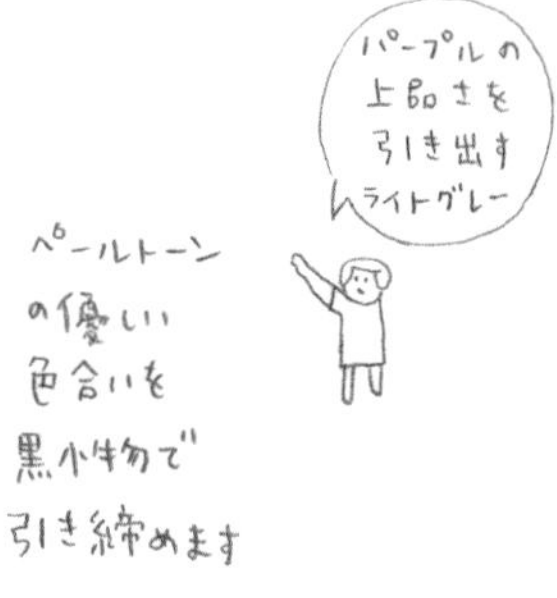
パープルの上品さを引き出す
ライトグレー
ペールトーンの優しい色合いを黒小物で引き締めます

上品に着こなすパープル×グレー

パープルを上品に着こなすなら、断然グレーがおすすめです。どちらもペールトーンにすればやさしい雰囲気に。それを黒小物でキリッと引き締めます。

黄緑色を
合わせると
パープルが
フレッシュな
お花の
ように
引き立つ!
黄緑×紫は
「補色」で
最もお互いの
色を目立たせる
色の組み合わせ
なんです!

大人の可憐な色合わせ

パープル×黄緑は、まるでフレッシュなお花のようにお互いを引き立て合います。足元をグレーで落ち着いた雰囲気でまとめれば、大人だからこそ似合う上品な色合わせに。

バブリー
なんとなく
夜のイメージ
がある
ムラサキ
だったけど
お立ち台→
着てみると
おしゃれで
モードな
色だった♡
グレー×パープル
のポイントは
インナーを白
にして 色の
メリハリを
つけること!
インナーを
グレーに
すると
曇り空
のような
どんよりした
コーデに

濃いパープル×グレーは白がカギ

チャコールグレーに合わせるなら、濃いパープルでトーンをそろえるとなじみよくまとまります。このときコーデ全体が重くなりすぎないように、白アイテムで軽さを出すと◎。

やわらかな
小花柄の
パープルに
ワークテイストの
コートを
合わせて
甘×辛
コーデ
スモーキー
パープルは
アンニュイな
雰囲気が
漂っておしゃれ
旅先のパリで
見かけて感動
したシックで
おしゃれな
色合わせ

憧れのパリジェンヌカラー

若い頃旅したパリで、ベージュのコートにパープルの花柄ブラウスとパンツを合わせたパリジェンヌを見かけ、そのセンスに脱帽。それから取り入れるようになった色合わせです。

いくつになっても好きな柄

Border

ボーダー

若い頃からボーダーが好きです。でもボーダーカットソーとデニムのシンプルな格好だと丸い体が目立ちがち……。だから体型をカバーしてくれるフォルムや、縦のラインが強調できるアイテムと合わせています。

太って見えがちな
ボーダーワンピは
コートで縦の
ラインを作れば
スリムに見えます
モノトーンで
まとめて
ソックスの
赤を
アクセントに

赤ソックスで自分らしさを

太いピッチのボーダーワンピースは、黒のコートで引き締めながら縦ラインを強調。小物も黒で統一し、足元は自分らしく赤ソックスを合わせました。

気になる二の腕をすっぽりカバー
体型カバーしてくれるドロップショルダーの変型ボーダーシャツは黒×白を選ぶとよりスッキリ!
色数を抑えると大人っぽい!

ボーダーをきれいめラフに着る

ボーダーのドロップショルダーは、気になる二の腕をカバーしてくれる、心強い味方。ベージュのワイドパンツとバレエシューズを合わせた、きれいめラフなカジュアルスタイル。

うれしい着痩せ効果も

Stripe

ストライプ

縦のラインを強調してくれるので、すっきり着痩せ効果も期待できるストライプ。夏はブルー×白の清涼感ある色合い、通年だと黒×白、ネイビー×白が取り入れやすいと思います。

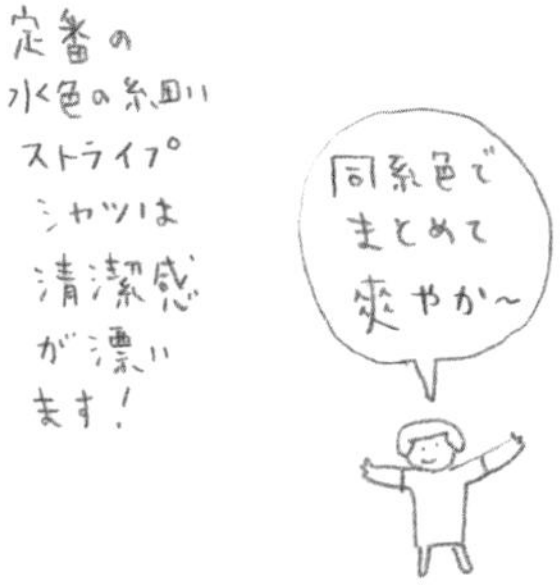
定番の
水色の細い
ストライプ
シャツは
清潔感
が漂い
ます!
同系色で
まとめて
爽やか~

清涼感のあるシャツコーデ

定番の水色のピンストライプシャツは、グレーのパンツのトーンと合わせて爽やかに。夏の暑い時期にも涼しげに着こなせます。

ストライプには
うれしい
着痩せ効果が
あります
トップスは
ロング
ネックレスで
縦ライン
を作り
ます！
ストライプ柄
のスカートは
縦に長く
見える効果が
あるので
足が長く
見えるんです

爽やかリラックススタイル

ブルー系ストライプのマキシ丈スカートに、白ブラウスを合わせれば爽やかな印象に。ストライプは縦長効果があるのもうれしい。ロングネックレスでさらに縦長ラインをプラス。

無地感覚で合わせられる

Gingham

ギンガム

細かいギンガムチェックなら、無地と同じように着こなせます。ボーダー×ギンガムの柄×柄の着こなしもOK。寒色系がおすすめですが、赤やピンクの暖色系なら、少し落ち着いたトーンだと合わせやすいです。

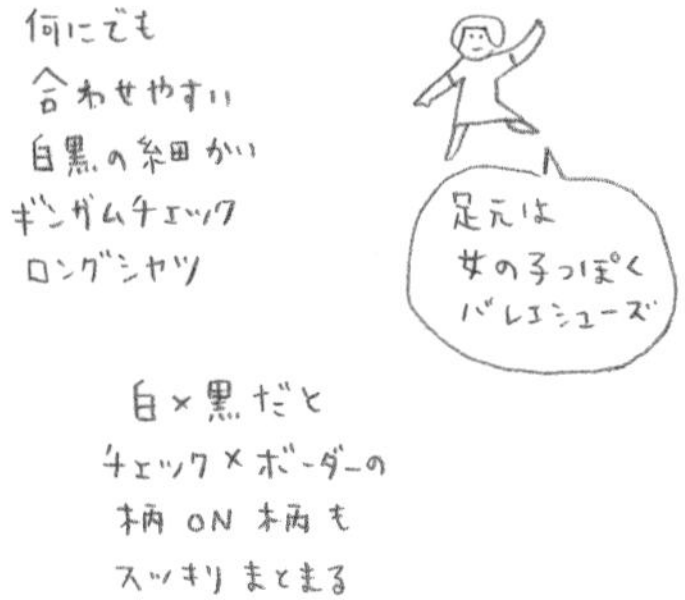
何にでも
合わせやすい
白黒の細かい
ギンガムチェック
ロングシャツ
足元は
女の子っぽく
バレエシューズ
白×黒だと
チェック×ボーダーの
柄 ON 柄も
スッキリまとまる

白黒チェックで作る柄×柄コーデ

白×黒のギンガムチェックは何にでも合わせやすいです。インナーをボーダーにした柄×柄もモノトーンでそろえれば、すっきりまとまります。黄色のアクセサリーでアクセントを。

黒×グリーン
どちらの
色とも
調和
する
カーキ
のコート
をプラス
して
グリーンの
ギンガムチェックは
黒と合わせると
メリハリが出て
スッキリ
着られます

大人かわいく着こなすチェック

グリーンのギンガムチェックスカートは、黒と合わせればかわいらしさはありながら落ち着いた雰囲気にまとまります。仕上げにどちらの色とも相性のいいカーキのコートをはおって。

コーデの主役になる柄

Tartan

タータン

上品配色
のチェックの
ワンピース
きちんと感の
ある足元で
コーデが
締まります

スコットランド発祥の伝統的なチェック。柄自体にしっかりと主張があるので、ワンピースなど一枚でさらりと着こなすならシックな色合いを、アクセントとして小物で使うならきれいな色合いのものが素敵。

シックなチェックは一枚でさらりと

タータンでも、グレーやブラック、ブラウンなど、落ち着いた配色のものであれば、大人も一枚で着こなしやすいと思います。レースアップシューズの足元できちんと感を。

暗くなりがちな
冬のコーデを
華やかに
してくれる
ジョンストンズ
のカシミア
ストールの
タータン
チェック
意外と
冬に
白スカートと
バスケットが
かわいい
です

冬こそ鮮やかなチェックが重宝

ここ数年、ジョンストンズのブラックスチュワート（黒地に赤や黄色などのタータン）のストールを愛用しています。鮮やかな色合いが冬のコーデを明るくしてくれます。

シックなモノトーンがおすすめ

Dot

水玉

おばあさんに
なっても
着れそうな
小さな水玉の
ワンピース

大人がドットを取り入れるなら、黒×白の小さなものがおすすめ。ドットはかわいらしい柄なので、シックな色味を選ぶのがポイントです。アクセントにきれいな色小物を合わせて、フレンチシックな着こなしを。

永遠に好きな小さなドット柄

小さなドット柄のワンピースに、昔から心惹かれます。「オリーブ少女」の着こなしがきっと一生好きなんだと思います。年を重ねてもかわいらしくドットを着るのが目標です。

子どもっぽく
見えるドット柄も
モノトーンなら
フレンチシックに
着こなせます
緑の水玉
シャツはカエル
のようで大失敗!
ゲロ
ゲーロ
黒×白に
小さな面積で
ビビッドカラーの
差し色をすると
モダンな
着こなしに
なります

まずは白×黒ドットから挑戦を

ドットも白×黒なら取り入れやすいと思います。全体をモノトーンにまとめて、ビビッドカラーの小物でアクセントを付ければ、モダンな印象に。

上品に着こなすのがポイント

Flower

花柄

甘くなりすぎ
ないように
スモーキートーン
でまとめると
小花柄も
大人っぽく
上品に
着られ
ます

大人の花柄は一歩間違えると若作りな印象になってしまうので、甘さを抑えた色味を選ぶことがポイント。足元は革靴やヒールなどを選んで、全体を上品にまとめるようにしています。

上品なスモーキートーン

小花柄を選ぶなら、ダークトーンやスモーキートーンなどの、落ち着きのあるシックな色味がポイント。小物も同じトーンでそろえて、上品にまとめて。

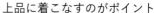

花柄が主役に
なるように
色を抑えた
コーデにします
マリメッコは
古くならない
テキスタイルが
魅力!
marimekko
PUKETTI

花柄が主役のコーデ

花柄を合わせるときはほかのアイテムの色味を抑えて、それが主役になるようにしています。柄の中の色を使うと統一感が出るので、赤いアクセサリーをプラス。

こなれ感を出すなら

Animal
アニマル

主張が強いので
主役にさせないこと
が大事！スパイスの
効いた脇役として
使いたい…

アニマル柄は
コーデの中に
1点だけ
取り入れるのが
ルール。2点以上
あると、とたんに
品がなくなります…

コントラストの少ないものを

Camouflage

カモフラージュ

若作りに見えがちな
柄なので 色味に
メリハリのある
カモフラ柄はNG！

暗いトーンのものを
選ぶと シックに
まとまります

アウトドアアイテムなら
ポップでかわいい！

モノトーンでをクールにキメる

Logotype

ロゴ

KARAT
ONLY

イベントやフェスなどのロゴTはどんなデザインでもOKだけど、ふだんはモノトーンでシンプルなもののみOKというのがマイルール！

NEW YORK
若作りに
見えてしまうデザイン
はNGです

個性溢れる楽しい柄

African

アフリカンファブリック

カラフルな色と柄が特徴のアフリカンファブリックのスカートは夏にぴったり！
流行りとは関係のない柄なので、いつ穿いても新鮮でワクワクした気持ちにしてくれます

column

自分のためのカラフルスカート

「色のある服はいいな」と思ったきっかけは、スカートです。
20代半ばの頃はワンピースをよく着ていたものの、スカートは一枚も持っていませんでした。30代に突入して子育てに忙しくなると、街よりも公園でおしゃれに見える、動きやすくてゆったりとした天然素材のものが服選びの基準に。毎日パンツばかりで、スカートは眼中になかったです。

40歳を超え、子育ても落ち着いてきたときに、お店で鮮やかな赤いスカートに一目惚れして買ってみました。買うときに、女の子の気分をちょっと思い出して、ウキウキしたのを覚えています。

ハリのある素材の赤いスカートは歩くたびにふわりと膨らみ、大人になってからおしゃれの冒険をしている自分にワクワクしました。鮮やかな色は、主張が強いから変に目立ってしまうと思っていたのですが、スカートだとコーディネートに取り入れやすいことも発見でした。そのスカートは今でも穿いています。

きれいな色をまとうと、気持ちが上がり、なんとなく肌のハリやツヤまでよくなっているように思います。その効果は、美容液よりあるのではないかと思うほど！

次にほしいなと思っている色はイエローとグリーンです。今までなかなか着なかった色を着てみたいと思うチャレンジングな自分がうれしいです。

4

小物で取り入れる
アクセントカラー

WHIT
BEIG
GRA
BLAC
BROW
NAV
KHAK
DENI
WHIT
BEIG

Turban
ターバン

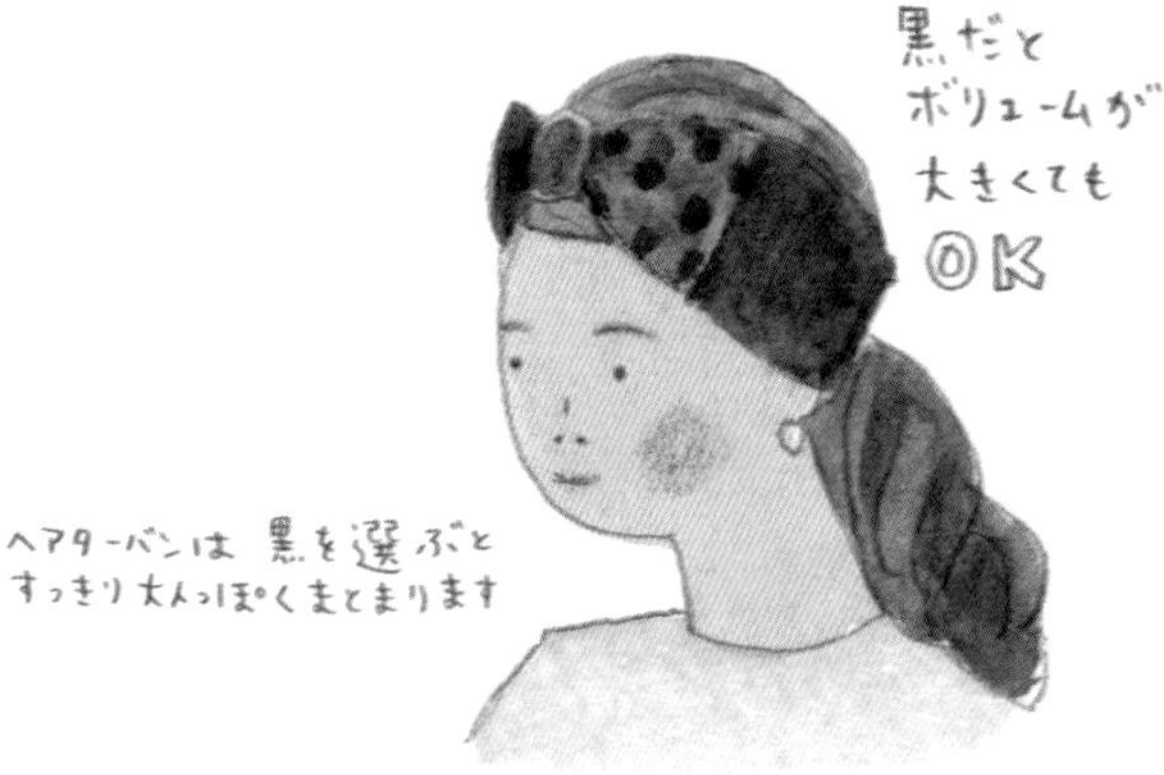
黒だと
ボリュームが
大きくても
OK
ヘアターバンは 黒を選ぶと
すっきり大人っぽくまとまります

帽子とターバンはベーシックな色から挑戦

いつものコーディネートに合わせるだけで一気におしゃれに引き上げてくれる帽子やヘアターバンは、私の「おしゃれスイッチ」を押してくれるアイテムです。

帽子をかぶり慣れていなかった頃は、出かける前は内心「やりすぎてな

大判のスカーフを前でねじって
後ろで結ぶのもおすすめ！
頭にアクセントがあると
目線が上にくるので
身長が高く見える効果も♡

帽子とヘアターバンは
ベーシックカラーを選ぶのが
私のルール
黒一色で　様々な素材
がパッチワークされた
ヘアターバンがお気に入り

いかな？　おかしくないかな？」と不安でどきどきしていたのですが、「えいやー！」と気合いを入れて出かけるうちに、いつからかそれが自分らしいおしゃれに欠かせないものとなりました。

　おしゃれは「慣れ」もあると思います。「ベレー帽はかぶれるけど、ヘアターバンは無理！」という友人がいるのですが、私も最初はそうでした。「40歳を過

Hat
ハット

秋冬の外への
おでかけには
ウールフエルト帽を
Benelliの
黒はどんな服
にも
合わせやすい

ベレー帽は、黒
グレー、ネイビー、茶
マスタードイエローの
5色を持ってます
髪がボサボサなとき
もかぶるだけで
おでかけモードに変身！

ぎて頭にリボン？　そんな若い子ぶったもの恥ずかしい！」と思っていたのですが、黒などのシックな色なら大人でも似合うことに気が付きました。帽子やヘアターバンを身に付けると着こなしのポイントが上になり、コーデも引き締まった印象になるので、今では付けないと何かが足りないと思うほど。それにヘアターバンは、40代の私にとって深刻な白髪や薄毛などの髪

麦わら帽は黒いリボン
のHELEN KAMINSKI
を愛用中
旅行用には
折りたためる
布の帽子
45歳にして
絶対にムリ
だと思っていた
ニット帽
デビュー！

の悩みをほどよくカバーしてくれるお助けアイテムでもあります。

　ヘアスタイルが決まらないときも、ベレー帽かヘアターバンをのせればコーデが決まることも多いです。

秋冬の印象の強いベレー帽ですが、最近はコットンやリネンなどの軽やかな素材のものも出ているので、春夏も楽しんでいます。

Lime Green
ライムグリーン

Red
レッド

心ときめく色鮮やかなバッグ

きれいな色のバッグをたくさん持っています。というのも、お裁縫が好きなので、きれいな色の生地を買ってきて、お財布と携帯しか入らないようなご近所仕様の小さな布バッグをささっと作ってしまうからです。春夏は白のオーバーオールやホワイトデニムに

Brown
ブラウン

Yellow
イエロー

そのバッグを合わせるのが、私の定番コーデです。
　小さなビビッドカラーのポシェットも、よく使うアイテムです。白シャツやワンピースなど、きれいめスタイルのときに合わせて、バッグの存在感を際立たせています。そのときはネイルやピアスもおそろいの色にしたり、カラーマスカラも同じ色をちょこっと付けたりして、さりげないビビッドカラーコーデを楽し

Blue
ブルー

んでいます。

　パッと目を引くきれいな色こそ、「ドキッ」とする色使いを狙いつつ、大人っぽくさらりと着こなしたいと思っています。

　バッグといえば、憧れのスタイルがあります。今にも雪が降りそうな1月の寒い日に街を歩いていたら、ネイビーのダッフルコートを着た女性が大きな白のがっちりしたトートバッグを肩にかけて横断歩道を

White
ホワイト

渡っていました。そのトートバッグのまぶしかったこと！　薄曇りの天気のなか、そこから光が放たれているように見えました。冬に白ってこんなにも映るものなんだと驚きました。いつか真似してみたいと思っているコーディネートです。

イエローのスカートを主役にする
究極にシンプルな足元カラー

ボーイフレンドデニムと合わせると
赤いTストラップパンプスが
甘くなりすぎず カッコイイ！

色とりどりの大人の足元おしゃれ

足元に色を使うコーディネートが好きです。なかでも、ワンピースやスカートの色や柄に合わせて、赤やマスタードイエロー、グレーのカラータイツを合わせることが多いです。定番はモノトーンコーデに赤いタイツ。気になるのは足の太さですが、赤は意外と

プリーツスカートとローファーという固めのコーデのハズしとして　ブルーのソックスを

着こなしをモノトーンにして赤ソックスの足元をアクセントに！

引き締めてくれます。ただ気を付けたいのは、合わせるボトムスの丈。膝上丈と合わせると若作りな印象になってしまいがちなので、膝下丈と合わせるようにしています。

　パンツのときは、カラーソックスをちらりとのぞかせるのが好きです。ブルーやイエロー、シルバーラメ、ブラックラメなどのクールな色が合わせやすくておすすめです。

アンニュイな同系色でなじませて
足長効果UP!

さわやかな夏色の組み
合わせ、ホワイト×グリーン!

ビルケンシュトックなどコンフォートサンダルにソックスを合わせるスタイルも、最初はおじさんみたいとちょっと抵抗感があったのですが、やってみると快適でかわいいので、たくさん歩くときによくやります。

同じように白ソックスも、野暮ったい中学生みたいで勇気がいりましたが、ワンストラップシューズなどの黒い革靴と合わせると、白ソックスにしか出せ

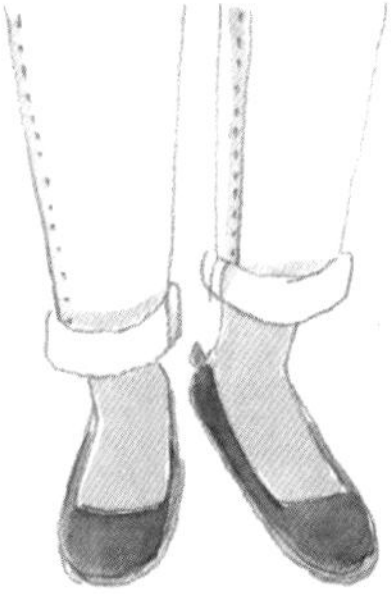

ホワイトデニムに空色のフラットシューズでコントラストくっきり!

カーキパンツと女性らしいヒール靴で甘辛MIX

ないかわいらしいきちんと感が出て、全体が締まります。白ソックスは、とにかく白さが命！　この年で足の裏が黒くなったソックスを履いていたら不潔な印象になってしまいます。3足1000円の安価なものをこまめに買い替えて、きれいな白を保つようにしています。

Orange
オレンジ

Green
グリーン

きれいな色のストールで遊ぶ

気温の変化が著しい春や秋は、温度の調節が気軽にできるストールが欠かせません。

ストールを巻くことで、首元や上半身にポイントを作ることができ、のっぺりしがちな着こなしに立体感が出ます。また、巻き方次第で着こなしの表情を変え

Purple

パープル

Red

レッド

られて便利。それに、首元の比較的小さな面積なら、きれいな色に挑戦しやすい！　顔映りをしっかりチェックしつつ、オレンジやブルー、グリーンなどのきれいな色のものを選んだりしています。

ストールは手頃なので、つい増えてしまいがちですが、大切に愛用しているストールがいくつかあります。温かさも大事な秋冬ストールは、10年たってもへ

Tartan
タータン

こたれない品質のいいカシミア素材のものを使っています。どんなアウターにも合わせやすいグレーのカシミアストールと、黒をベースに黄色や青、赤、白が効いたジョンストンズのブラックスチュワートが私の定番。ブラックスチュワートの赤が冬の暗くなりがちなコーデに彩りをプラスしてくれます。

　春は、ラオスに旅行に行った際に寄ったミュージ

Flower
花柄

アムショップの手織りストールを。エスニックテイストのはずし具合が着こなしをこなれた感じに仕上げてくれます。丁寧な手仕事が光る工芸品は、大人だからこそ似合うもの。年を重ねても変わらずに似合う手仕事のものは、これから少しずつ集めていきたいアイテムです。

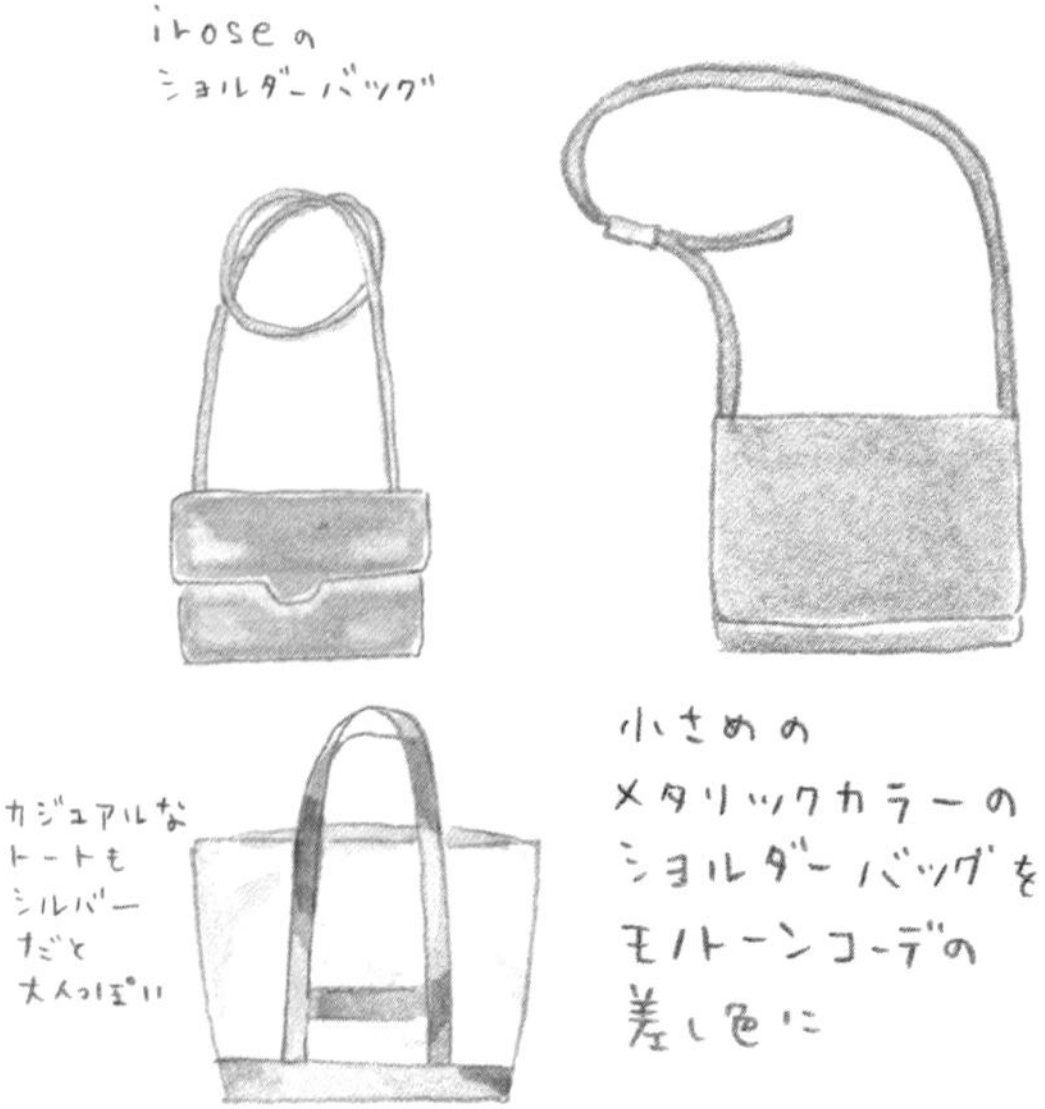
iroseの
ショルダーバッグ
小さめの
メタリックカラーの
ショルダーバッグを
モノトーンコーデの
差し色に
カジュアルな
トートも
シルバー
だと
大人っぽい

辛口に攻める メタリックカラー

カッコよく、着こなしできらりと光を放つメタリックカラーの小物は、肌のツヤがなくなってきた今の私にとって強い味方です。といっても、私が持っているものはプチプラばかりなので、一歩間違うと変にギラギラしてしまって安っぽくなりがち。だからあくまで

キラキラ
ライトの
役割も♡
ゴールドや
シルバーの
バングルを
身につけると
いっきに
おしゃれモードに!

も上品にさりげなく、小さな面積で効果的に使うようにしています。愛用しているのはピアス、ブローチ、バングル、バレエシューズ、サンダルなど。悪目立ちしないように、シンプルなデザインのものを選ぶようにしています。

　私がメタリックカラーに惹かれるのには理由があります。それは「カッコいい」「辛口」「攻め」の要素が、40歳を超えた自分にはなく

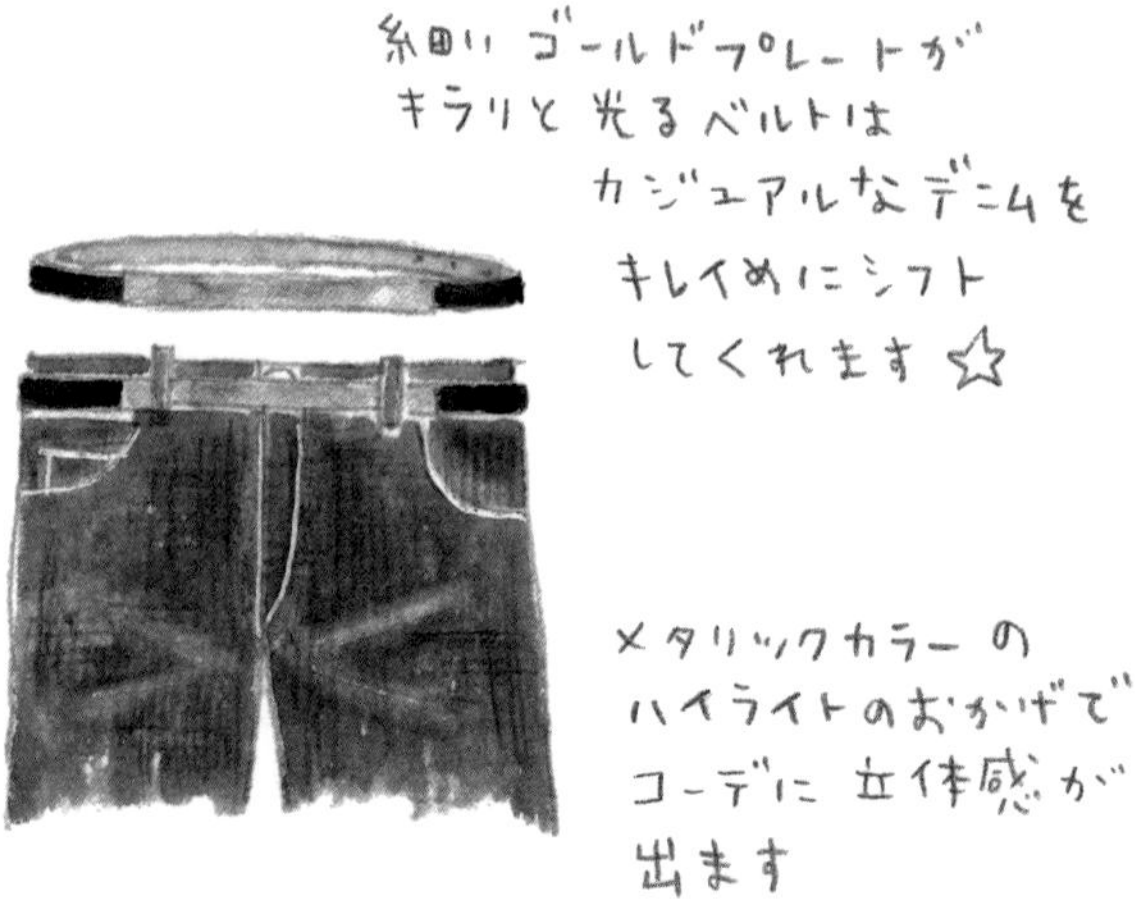
細いゴールドプレートが
キラリと光るベルトは
カジュアルなデニムを
キレイめにシフト
してくれます☆
メタリックカラーの
ハイライトのおかげで
コーデに立体感が
出ます

なってきたから。気が付けば、体型もぽっちゃり丸くなって、家にいるときもふんわりワンピースばかり着ている、エプロンの似合うほっこり母さんになっていました。そんな自分に「このままじゃダメだ。もっととんがれ！」「辛口に攻めていこう！」「カッコよくなりたい！」と喝を入れたくて、メタリックカラーを選んでいます。

ゆるゆるコーデになりが

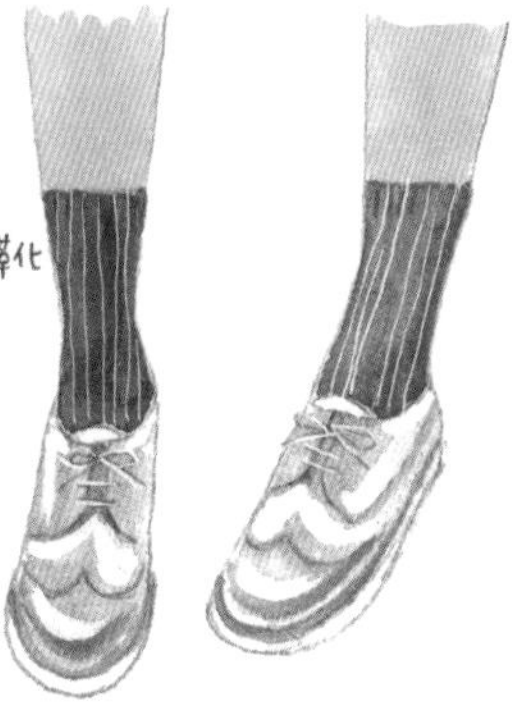
シルバーのマニッシュ靴は目立ちすぎないアクセント

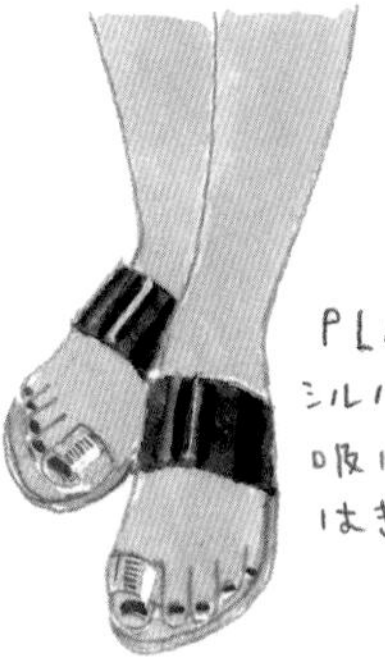
PLAKTONのシルバーサンダルは吸いつくようなはきやすさ♡

メタリックカラーを効果的に取り入れるコツは「小さな面積に絞ること！」

ちな着こなしにメタリックカラーで、クールでカッコいいエッセンスを入れるのが今はしっくりくるのです。

Brooch
ブローチ

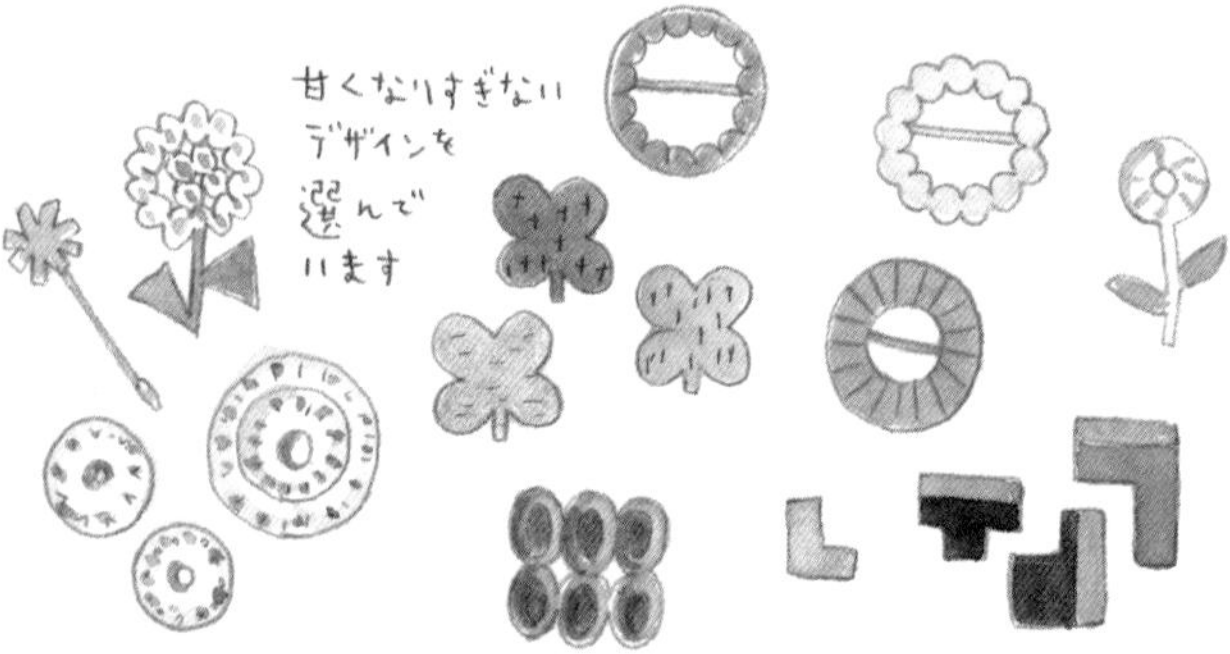

助けて！ きらめきアクセサリー

最近、アクセサリーに助けてもらうことが増えました。シンプルなトップスにロングネックレスを足して、きちんと感や縦長シルエットを強調したり、カジュアルコーデに大振りのピアスを足してモード感のある着こなしを楽しんだりしています。

ブローチは
自分らしさを
プラスする
最後のひとさじ
シンプルな
形のブローチ
は重ね付けで
遊んでみたり♪

今までアクセサリーは、お出かけモードに切り替えるおしゃれスイッチの役割が大きかったのですが、このごろは自分に足りないツヤやメリハリを補ってくれる大事な相棒になっています。ゴールドやシルバー、パールなどのキラキラと輝くアクセサリーが、たるんだ顔やくすんだ肌色にツヤをプラスし、引き締めてくれる気がするのです。

　アクセサリーを選ぶ条件

Earrings
イヤリング

手作りアクセのお店にはオリジナルのキャッチを作れる材料があります
シンプルなピアスはおしゃれな「キャッチ」でアクセントをつけるのがお気に入り
アクセサリーをつけるだけできちんと感がUP!
ロングネックレスは縦長ラインを作ってくれます

は、普段の格好に合わせやすい「ちょっと個性的なもの」。できるだけ人とかぶりたくないので、作家さんのアクセサリーを売っているハンドメイドマーケットのネットショップ（ミンネ、いいちなど）を、よくチェックしています。

　逆に選ばないようにしているのは、イタイ若作りに直結しがちな甘すぎるデザインや色、チープに見えるもの。と言いながら、プチ

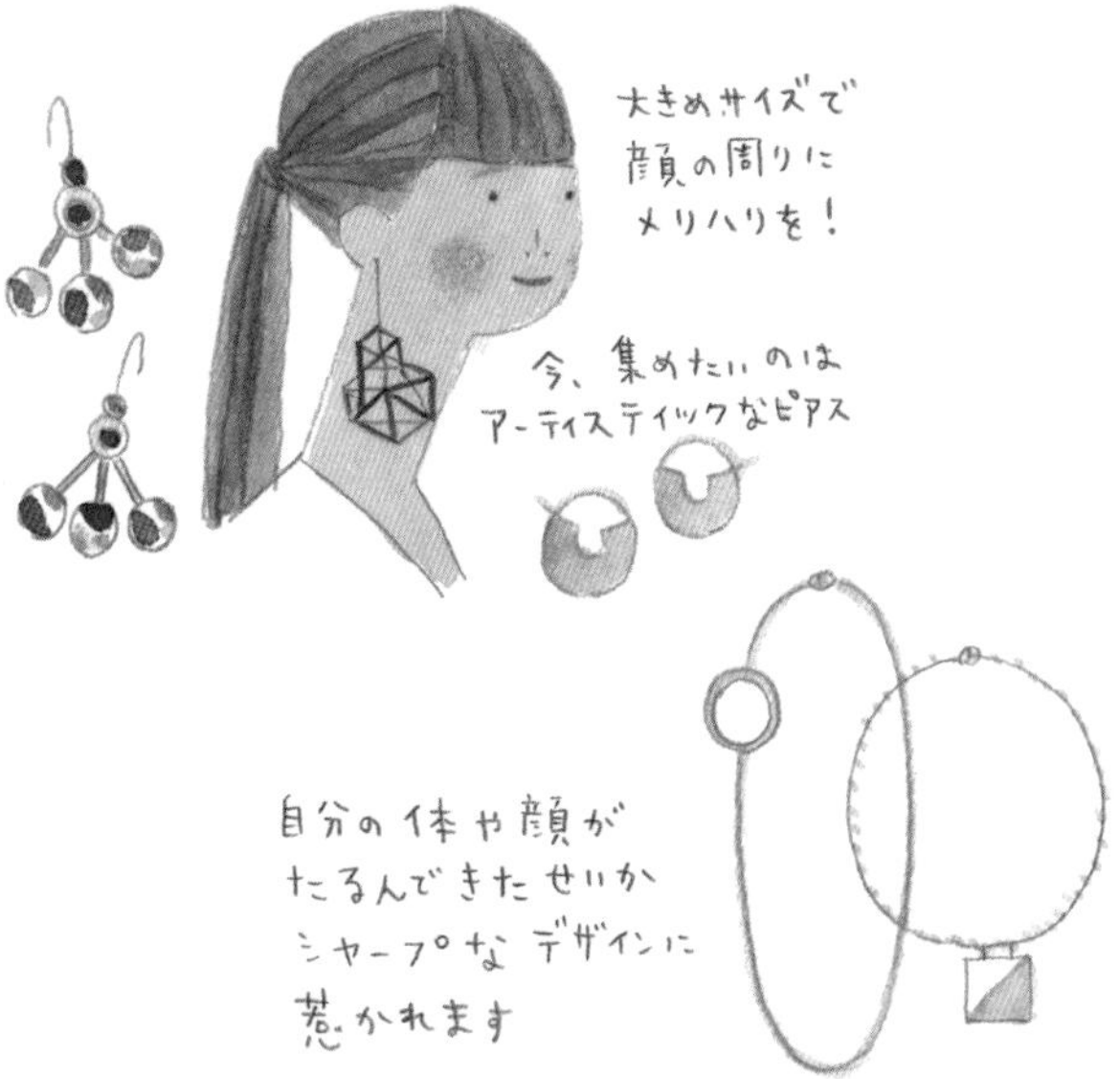
大きめサイズで
顔の周りに
メリハリを！
今、集めたいのは
アーティスティックなピアス
自分の体や顔が
たるんできたせいか
シャープなデザインに
惹かれます

プラが大好きなので、私の持っているアクセサリーはチープなものばかり。自分ではチープに見えないと思って楽しんでいますが、客観的に見るとイタイと思われているかもしれませんね……。気を付けなくては！

　足りないものを補ってくれて、コーデに自分らしさや色をプラスしてくれるアクセサリー。上手に取り入れておしゃれを楽しんでいきたいです。

カラーネイル
¥500
差し色になるような
ビビッドカラーは
プチプラで。
MY定番のRED
だけはシャネル♡
ギャザー
マキシスカート
流行りの
カラー
スカート
¥2,160
ZOZOTOWN

きれいな色小物は プチプラをチェック

色のきれいな洋服や小物は、色褪せてしまったり、その色自体に飽きてしまったりと寿命が短いことも多いので、ファストファッションやウェブショップを定期的にパトロールしています。

基本的にはシンプルなものを探しますが、「着たい！」

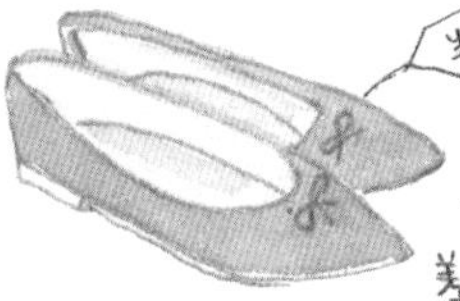
ポインテッド
バレエシューズ
楽天
¥1,690
足も痛く
ならない！
差し色に便利

バルーンブラウス
¥2,000
楽天
流行りものは
プチプラで
購入するのが
私流
この値段なら ビビッドカラーも
チャレンジできる

と思ったサイクルの早い流行ものをチェックすることも。

流行ものは比較的ベーシックなものを選ぶと、着こなしの絶妙なアクセントになってくれます。たくさんの中から「これだ！」と思うものを見つけ出すのも宝探しのようで楽しいです。

最近は韓国の通販サイトもおすすめです。10代の女の子向けの服ばかりかと思いきや、40～50代にも似合うナチュラルで大人っぽい

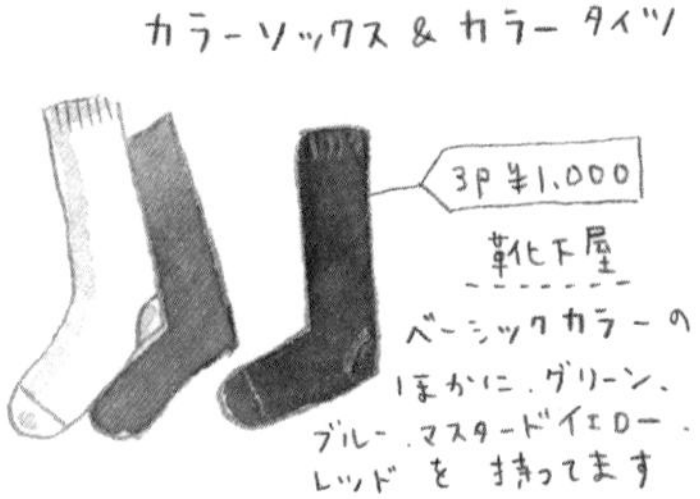
カラーソックス＆カラータイツ
3P ¥1,000
靴下屋
ベーシックカラーのほかに、グリーン、ブルー、マスタードイエロー、レッドを持ってます

フェイクレザードットネックレス
¥1,990
H&M
本当はチェーンでしたがスエードのリボンに付け替えて愛用中！

デザインのものもあるんです。「little black」「holicholic」などを定期的にチェックしています。洋服を買うつもりでのぞいていたのに、見ているうちにモデルさんのスタイルのよさに驚いて、「なんでこんなに足が細いの？」と洋服はそっちのけになってしまうことも……。

簡単なアクセサリーだったら、自分で作るのも好きです。東急ハンズで売っている端切れのピッグスキン

hand made
2個付け
3個付け
が
かわいい
カラフルブローチ
1つ¥100くらい
100均と東急ハンズ
くるみボタンを ピッグスキンで くるんで カラフルブローチに しました
hand made
片耳差し色ピアス
¥500くらい
貴和製作所と東急ハンズ
フープピアスに カットした ピッグスキンを通す

と100円均一のくるみボタンキットで、カラフルなブローチを作ったり、余ったピッグスキンをカットしてフープピアスに通したり。「おしゃれは自由！」と思いながら、自分らしいおしゃれを楽しんでいます。

column

思春期の心模様と「色」

「つ」のつく年頃といわれる9つ頃まで、息子の服はカラフルでした。運動場を見渡して遠くにいても、あそこにいる！とすぐに分かるほど鮮やかな色を毎日着ていました。引き出しを開けると、赤、青、黄色、黄緑のカラーパンツにカラフルなTシャツ。今思えば、息子が自分で選んで着ていたのではなく、私が買ったものを何も考えずに着ていただけだったのですが、 小学5年生になった息子からある日突然、「白と黒とグレーしか着たくない」と言われました。突然のことに、「えー！　そーなの？」と私はびっくり。それから息子は思春期突入～。

息子のファッションはシックなモノトーンになり、中学生になると制服にお気に入りの黒のスニーカーを合わせるように。そんなある日、赤のスニーカーを履いている子がまぶしいほどイケていたといって、息子が新しく買ってきたスニーカーはなんと蛍光オレンジ！　それを見て、『3年B組金八先生』の沖田浩之が学ランの下のインナーと靴下を赤に決めているのを、かっこいい！と思っていた中学生当時の私を思い出しました。

中学生だとちょっと目立ちたいんだろうな～。目立ちたいけど目立ちたくない。ややこしい思春期の心の成長に、どうやら「色」も関係していると思った出来事でした。

5 色を味方につける ヘアメイク

WHIT
BEIG
GRA
BLAC
BROW
NAV
KHAK
DENI
WHIT

理想のサンブロックスタイルはこうだけど…
日傘
帽子
UVカット
サングラス
全身
サンブロック
クリーム
ノーブ
noUV
nouv
めんどくさがりなので
飲む日焼け止め
サプリと併用
してます
海や山やプール、
アウトドアで
遊ぶときは
サイコー！
HELIOCARE
ヘリオケア

肌のツヤと透明感を取り戻す

40歳を過ぎてからというもの、肌の劣化が止まりません。鏡を見るたび、炎天下で日焼けしまくっていた大学時代のバイトの日々を後悔しています。「普段からケアしてなかったよね」という結果がシミやシワになり、ちゃーんと顔に出ているのです。

Body
Aēsop
イソップ
プロテクティブ
ボディローション
SPF50
Aēsop
香りにいやされる〜

Face
WELEDA
ヴェレダ
エーデルワイス
UVプロテクト SPF33
WELEDA
SUN
SPF33
赤ちゃんにも使える

もうここまできたら、気持ちだけは負けるわけにはいきません。少しでもイキイキ明るい感じにするために、メイク前にリンパマッサージをしています。くすんだ肌の血色をよくして元気に見せる戦法です。

　また、メイクで上手にカバーをするコツをふたつ、あるメイクさんに教えてもらいました。

　ひとつ目が、シミの上にコンシーラーをのせて、しばら

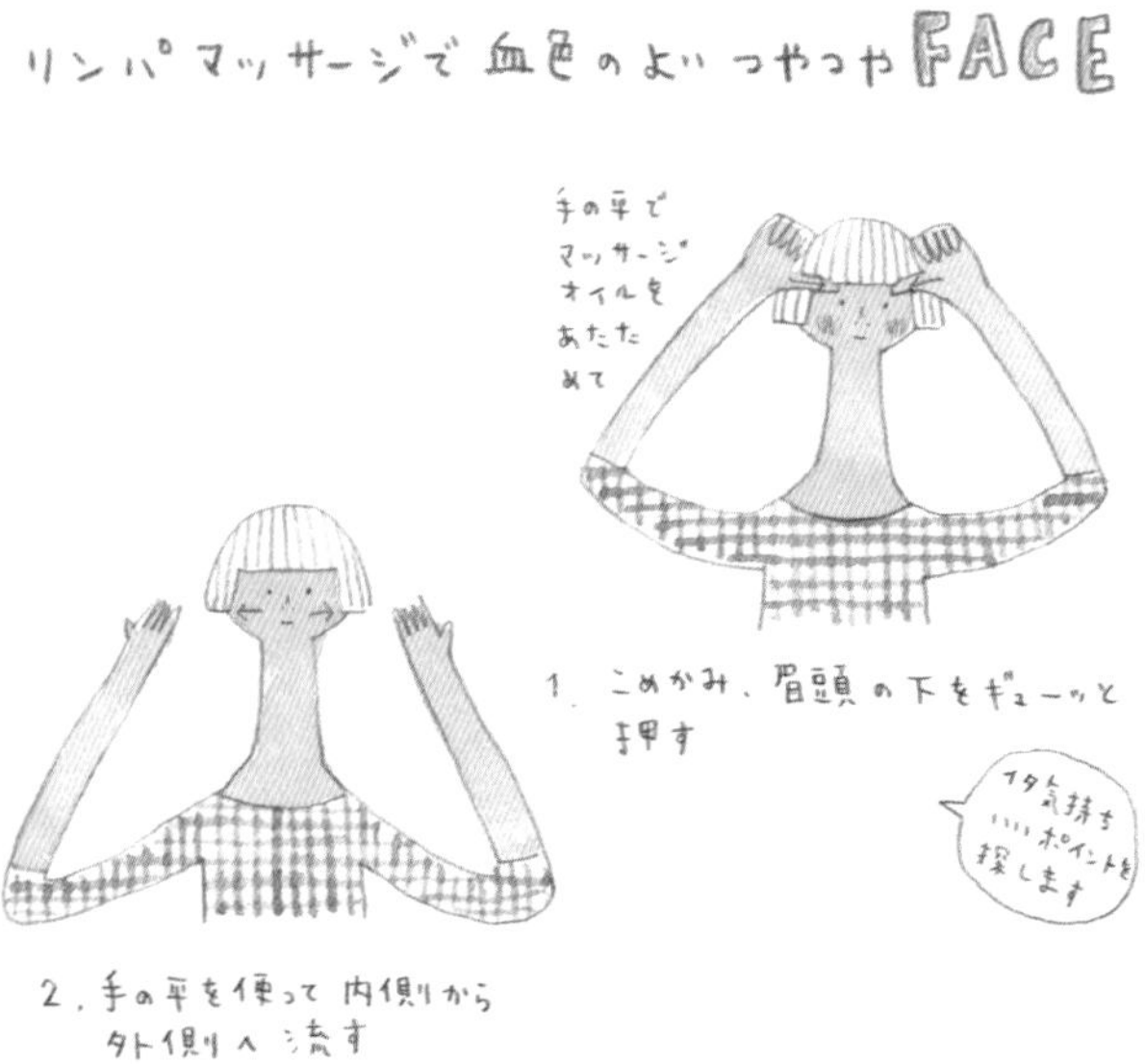
リンパマッサージで血色のよいつやつやFACE
手の平でマッサージオイルをあたためて
1. こめかみ、眉頭の下をギューッと押す
イタ気持ちいいポイントを探します
2. 手の平を使って内側から外側へ流す

く時間をおいてから定着させること。定着したら、ブラシでまわりとなじませるとカバー力がアップします。

　ふたつ目が、メイクの仕上げにハイライトを使い、光を味方につけること。目尻からこめかみにかけてのせると、光のラインができて表情がリフトアップ。「疲れたなあ」なんて顔をしていると、気持ちまでしょんぼりしてしまうので、顔にツヤを足します。ハイライ

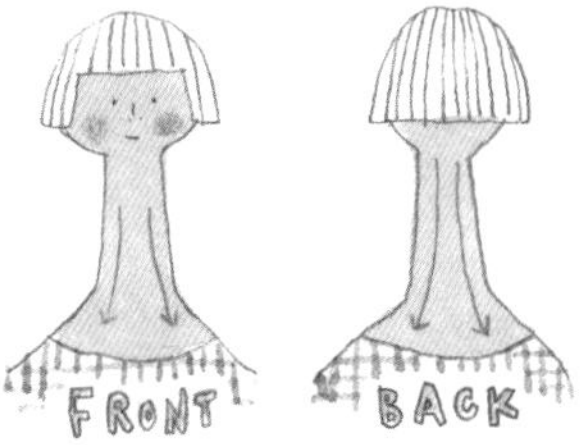
FRONT
BACK

3. 耳下から首筋まで、前、後
両方流す

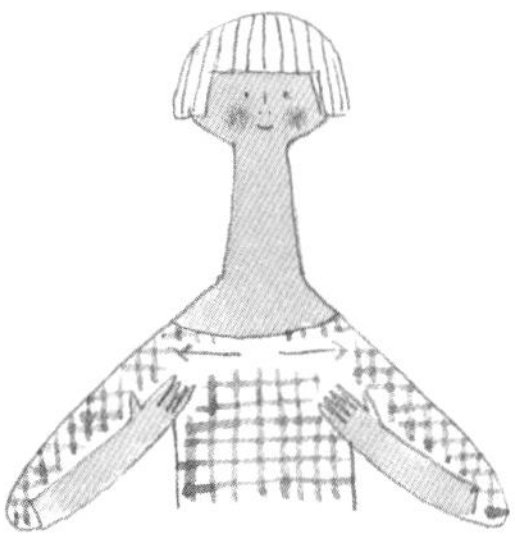

血色の
いい顔色
になります

4. 鎖骨の下から脇にかけて
気持ちいい場所をなでる

トは、上唇の上、あご先にものせると、立体感のある顔立ちになります。

　ただ、つけすぎるとテッカテカの舞台メイクのようになってしまいます。特に、暗い部屋でメイクすると加減が分からなくなるので注意！　自然光のもとで、ナチュラルな血色とツヤ感を出すようにメイクしています。

しわしわ カサカサ ハンドケア

クリームをぬって
手袋をして寝ると
朝、肌のやわらかさ
が全然ちがう!

ジュリークの
ハンドクリーム
いい香りで
安眠♡

おやすみ手袋
シルク100%
だから
サラサラで
ムレない!

マニキュアの映える潤った手になりたい

年齢は顔よりも手に出るといいます。悲しいかな、私の手はしわしわのおばあちゃんのようです。同い年の友人が私の手を見て、「私のほうが、まだ若いわ〜」と喜ぶほど……。手の甲だけでなく、手のひらまですべてしわしわ。しかも赤黒いのです。そんなとき、自

ヒビ割れかかとのフットケア

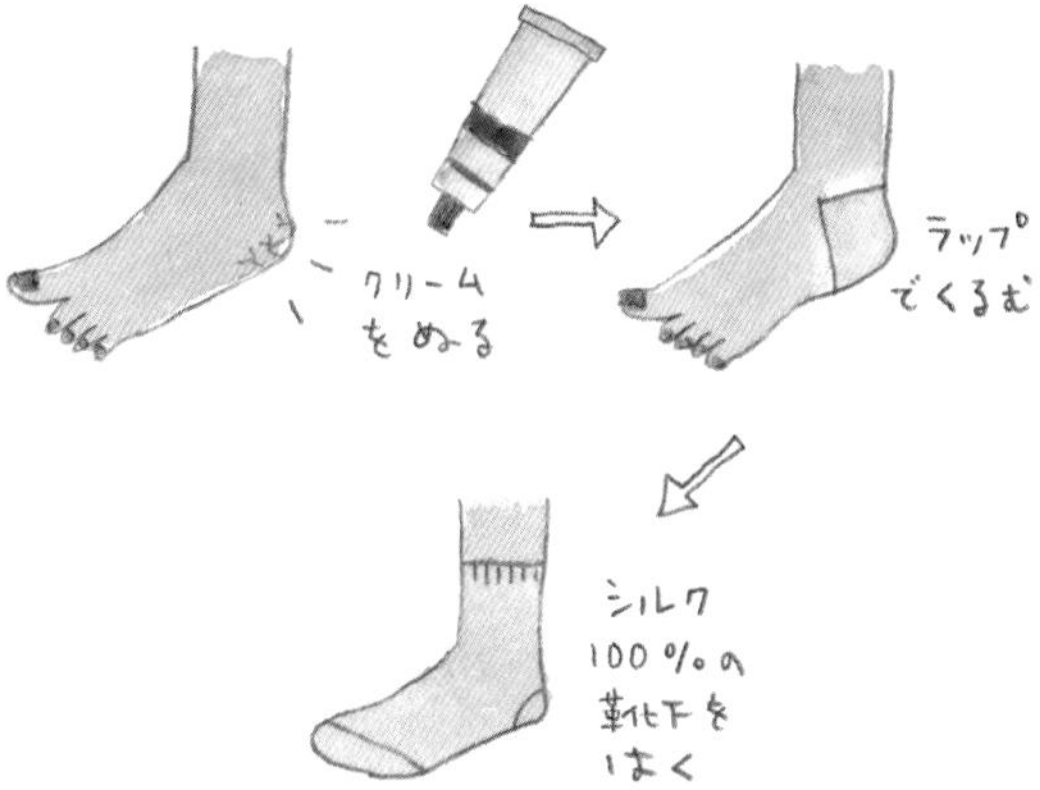
クリーム
をぬる
ラップ
でくるむ
シルク
100%の
靴下を
はく

分の父親の手を見て、思わずゾッとしてしまいました。爪や指の形はもちろん、しわしわ加減や赤黒いところまでそっくり！　私と違うのは、さらに老化が進み、血管が浮き出て、手の甲にシミがあったこと。これが未来の私の手だと思うと恐ろしく、その日からしっかりケアしていくことにしました。

　私より年上でぷくぷくつやつやの手の女性が、毎晩

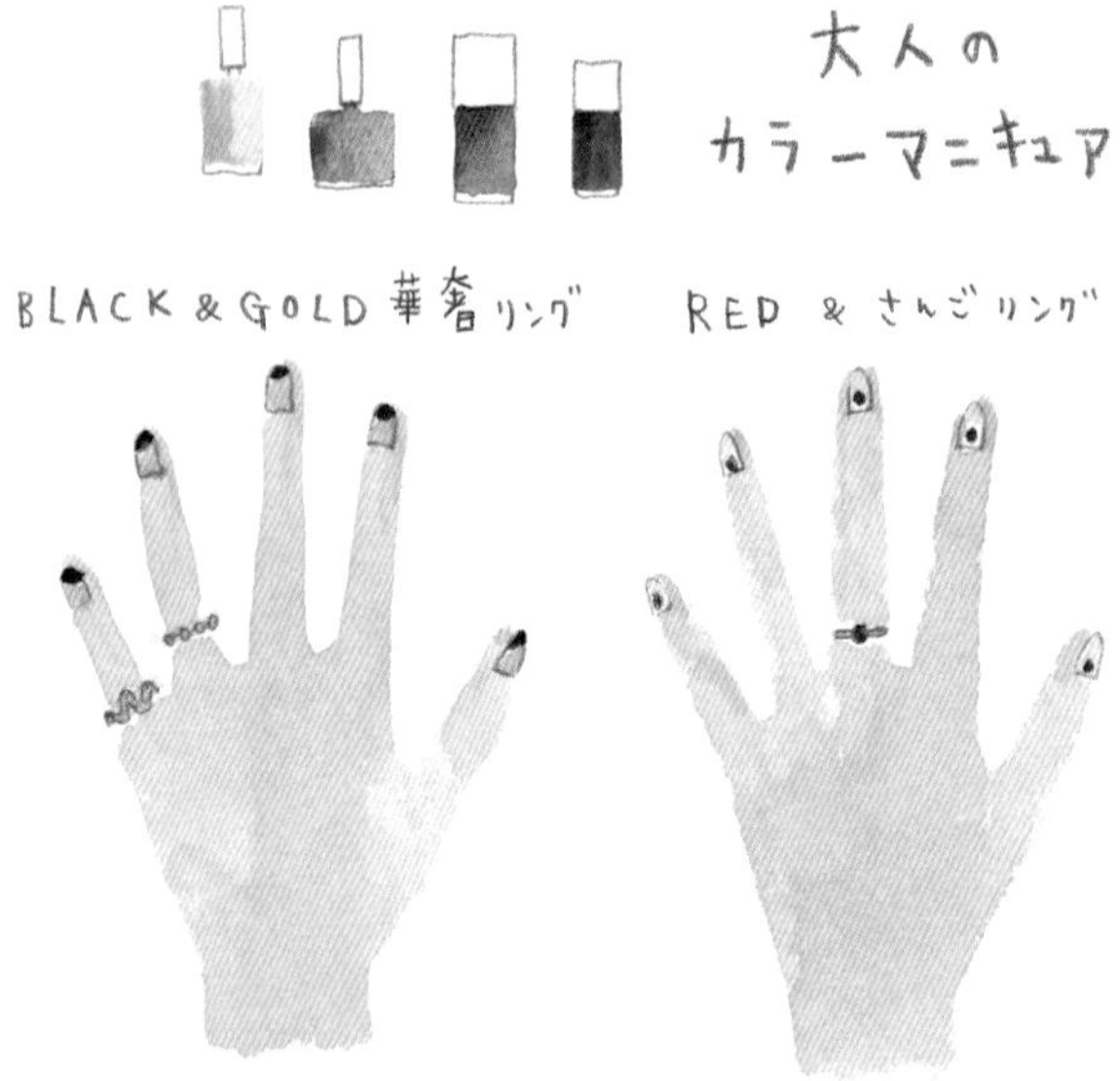
大人のカラーマニキュア
BLACK & GOLD 華奢リング
RED & さんごリング

必ずオイルマッサージをしてから手袋をして寝ていると教えてくれました。今では手袋をしないと寝られないほど習慣になっているそう。早速、私も真似しようとシルク１００％の手袋を購入。そして実際にやってみるとびっくり！　朝起きたときの肌の柔らかさがこれまでと全く異なり、初めて手を愛おしいと思うほどしっとり潤っていたのです。意識が手に行くように

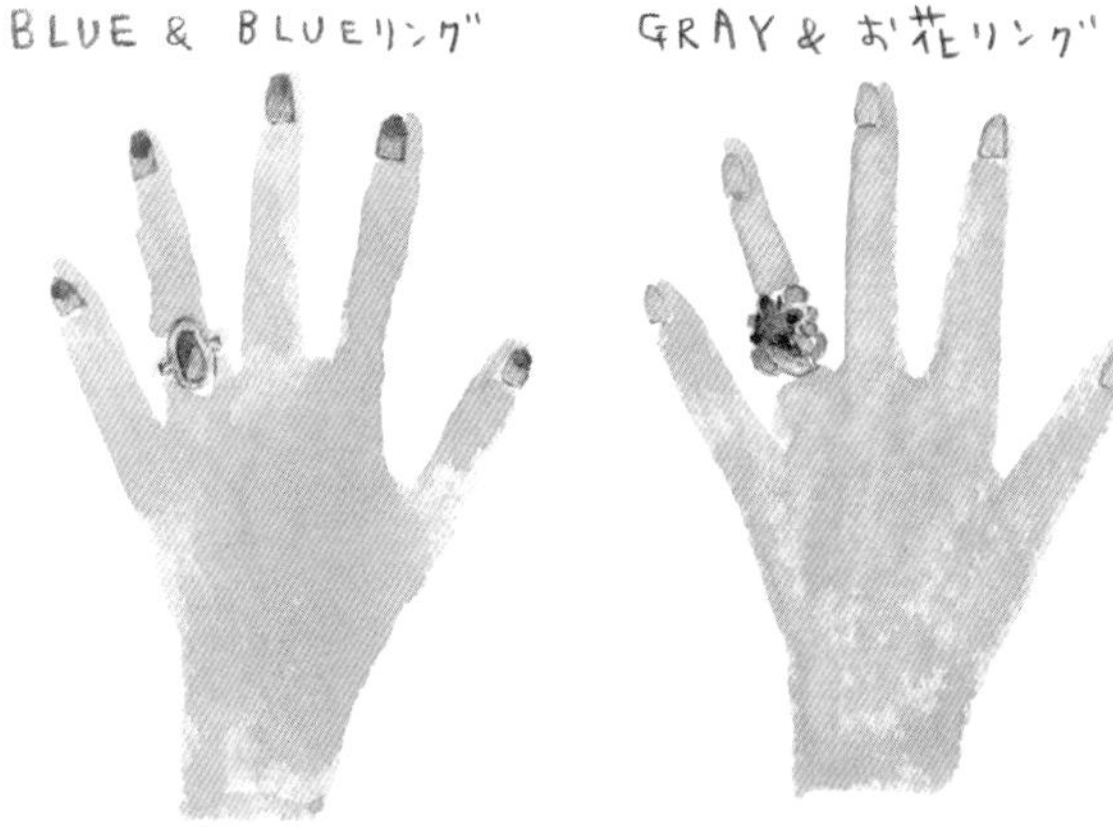
BLUE & BLUEリング
GRAY & お花リング

なったので、今は日中も手を洗うたびにハンドクリームやオイルをつけるようになりました。

潤った手になったら、マニキュアを塗るのも楽しいです。指先に色があると、気持ちが上がるのでセルフネイルを楽しんでいます。手を動かすたびキラキラ爪が光るのがうれしいんです。

今まで怠ってきた手のケア、これからも頑張っていこうと思います。

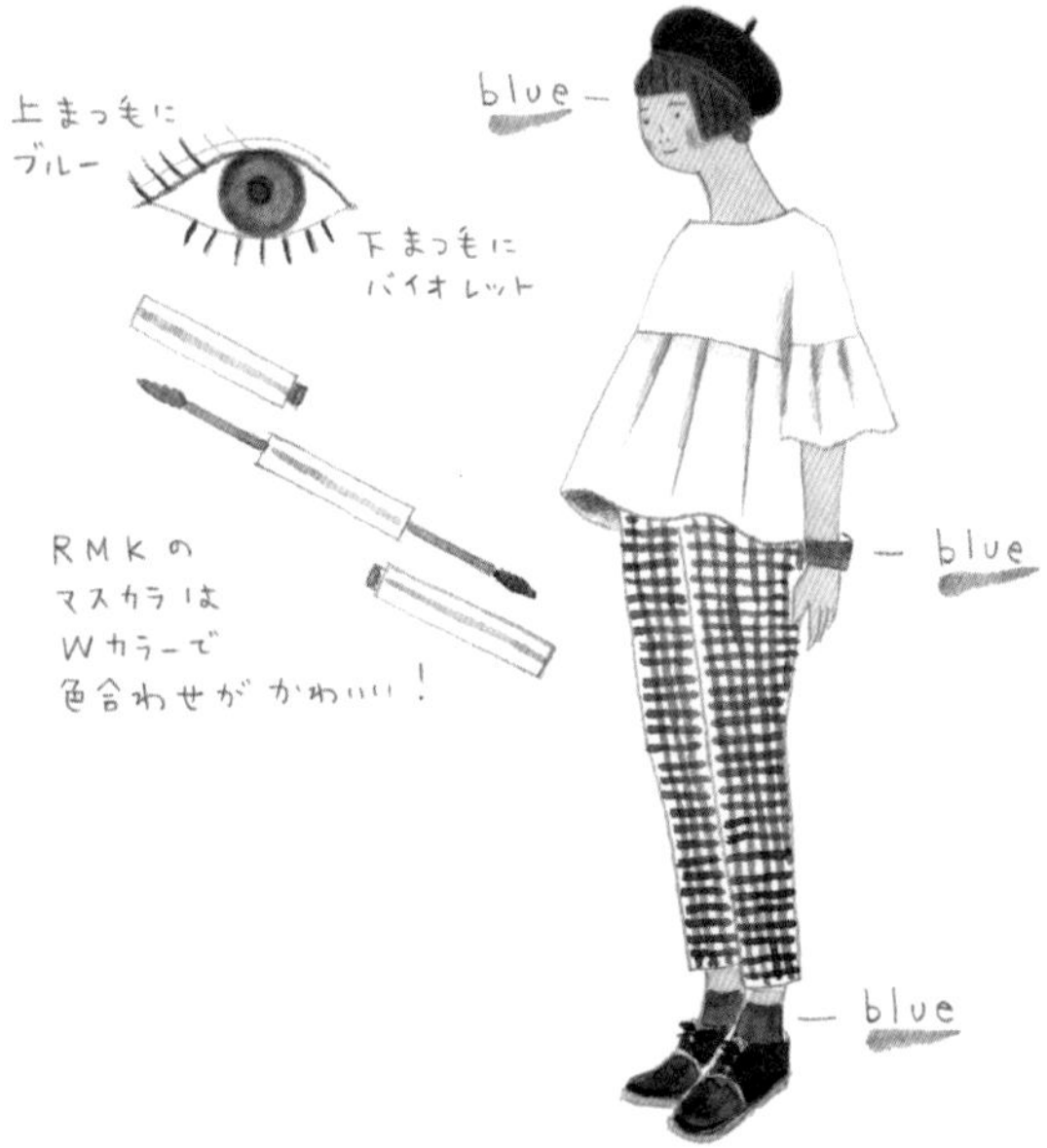
上まつ毛に
ブルー
下まつ毛に
バイオレット
blue
blue
blue
RMKの
マスカラは
Wカラーで
色合わせがかわいい!

「ちょっとだけ」が鉄則のカラーメイク

その日のコーデに合わせて、メイクにもほんの少し色を使って遊ぶのが好きです。赤いブラウスの日は赤いアイライナーを目元に細く入れると、全体に統一感が出て、印象的な目元になります。

春夏は太陽の光に映えるカラーマスカラもおすすめ

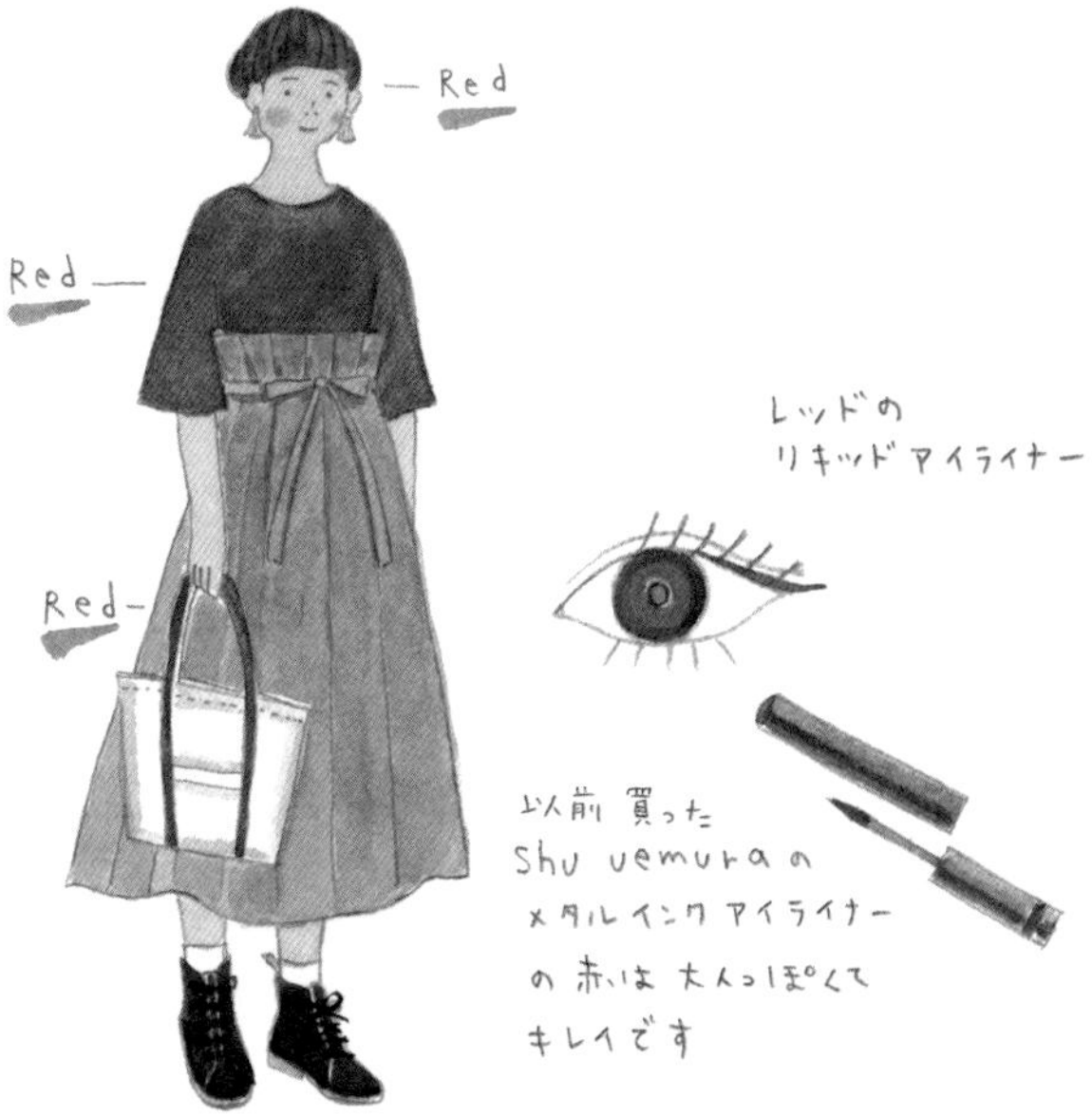
Red
Red
Red
レッドの
リキッドアイライナー
以前買った
shu uemuraの
メタルインクアイライナー
の赤は大人っぽくて
キレイです

です。目尻側のまつ毛の先にちょっとだけカラーマスカラをつけるとニュアンスのある目元に。パッと見では分かりませんが、目を閉じるたびにチラッと見えるのが、さりげなくてかわいいのです。ポップなカラーだけでなく、シックでモードなカラーもあってバリエーションも豊富なので、下まつ毛だけにつけたり、上下で色を変えたりすると、遊びゴコロのある目元

足りなくなった！
メイクで
ツヤを
ON
リップにも
チークにも
使える！
Door Open
ADDICTION アディクション
クリームチークは ツヤ肌作りにぴったり♡
○ハイライトポイント
THREE スリー
シマリング
グローデュオ

になります。

仕上げにキラキラのアイシャドウで目の下にも光を描いてツヤを出し、目頭にハイライトをのせると、カラーメイクがぐっと映えて、目がキリッと大きく見える気がします。

最近は口紅を塗った口元に、さらにカラーグロスを重ねることも。白だけでなく、黒やブルーなど、一見ちょっとどきどきするような色味もあるのです

カラーグロスで手持ちのリップカラーをチェンジ！

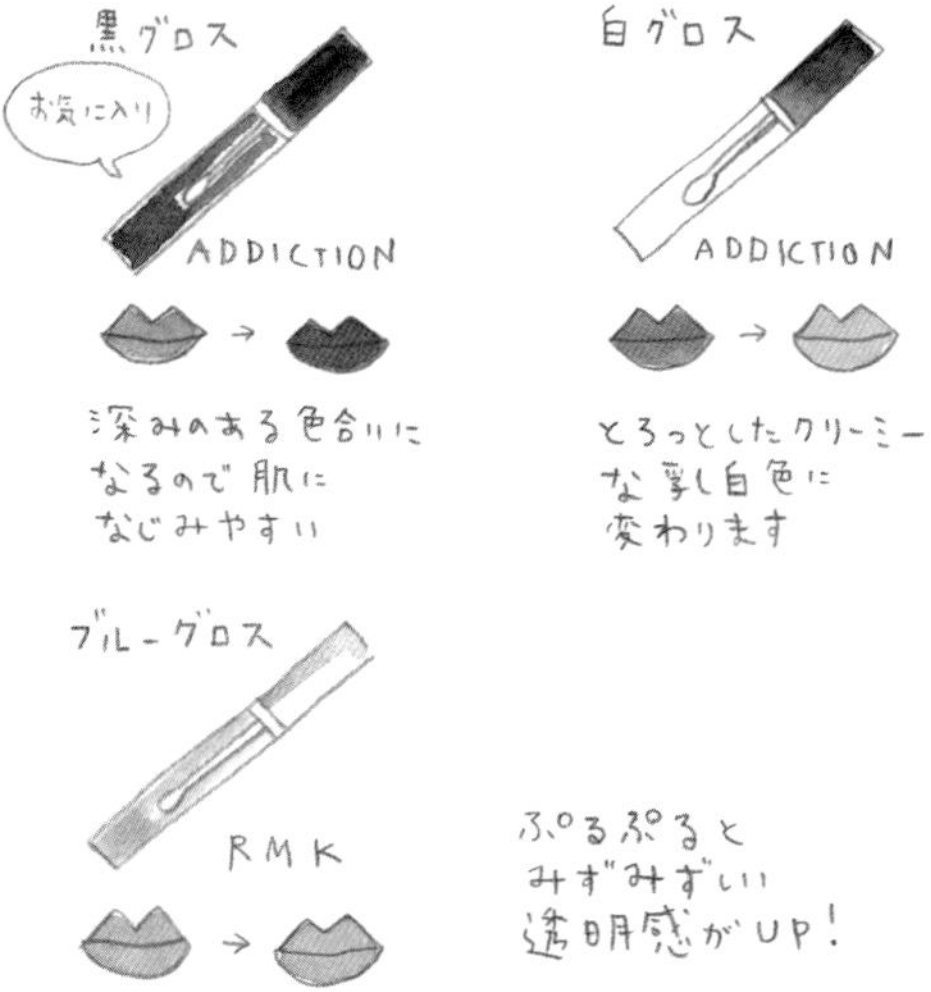
黒グロス
お気に入り
ADDICTION
深みのある色合いになるので肌になじみやすい
白グロス
ADDICTION
とろっとしたクリーミーな乳白色に変わります
ブルーグロス
RMK
ぷるぷるとみずみずしい透明感がUP！

が、重ねてみるとあら不思議。しっかり肌になじむんです。見た目のインパクトの強い黒のグロスを重ねたら、赤の深みが増して、大人っぽいシックな口元になりました。

カラーメイクの鉄則は、やりすぎないこと。自分だけが気が付くレベルで、ちらりと色付けるのがポイントです。

シャンプー前に
ブラッシングして
血行UP!
美容師さんに
おすすめされた
MARKS & WE
マークスアンドウェ
のブラシ、いい
シャンプーのときに
頭皮を動かす!
頭皮が硬いと
いつも
言われます
ハゲる…
モミ
モミ

やっぱり気になる
白髪問題

髪の悩みは、年齢とともに増え続けています。ボリュームがなくなる、髪が細くなる、頭皮が乾燥する、クセが出てくる……。私はどの美容師さんにも、頭皮が硬いと言われます。これはすべての髪の悩みの根源らしいので、マッサージをしたりして、髪にいいこと

ウワサのドライヤー
使うたびにうるおう
ヘアビューザー♡
めんどうでも
シャンプー後は
必ず乾かす
冷風を
じっくり
当てて
リフト
アップ!

頭皮や髪を傷めず
白髪を染めてくれる
ポーラのカラートリートメント
GROWING
SHOT
POLA
ブラックは
白髪が
アッシュグレーに
染まって
キレイ!

を続けるようにしています。

そして今気になるのが、白髪のこと。30代後半から白髪が出はじめ、43歳を超えた頃から前髪の内側に群生……。今では1.5ヶ月に一度は染めています。もうすぐ70歳の母親でさえ、「おばあさんに見えると気持ちが滅入るから」と白髪染めを続けています。頭皮や髪によくないと思いながらも染めたい母の気持ち、すごく分かります。

眉ブリーチでやわらかな垢抜け顔に！

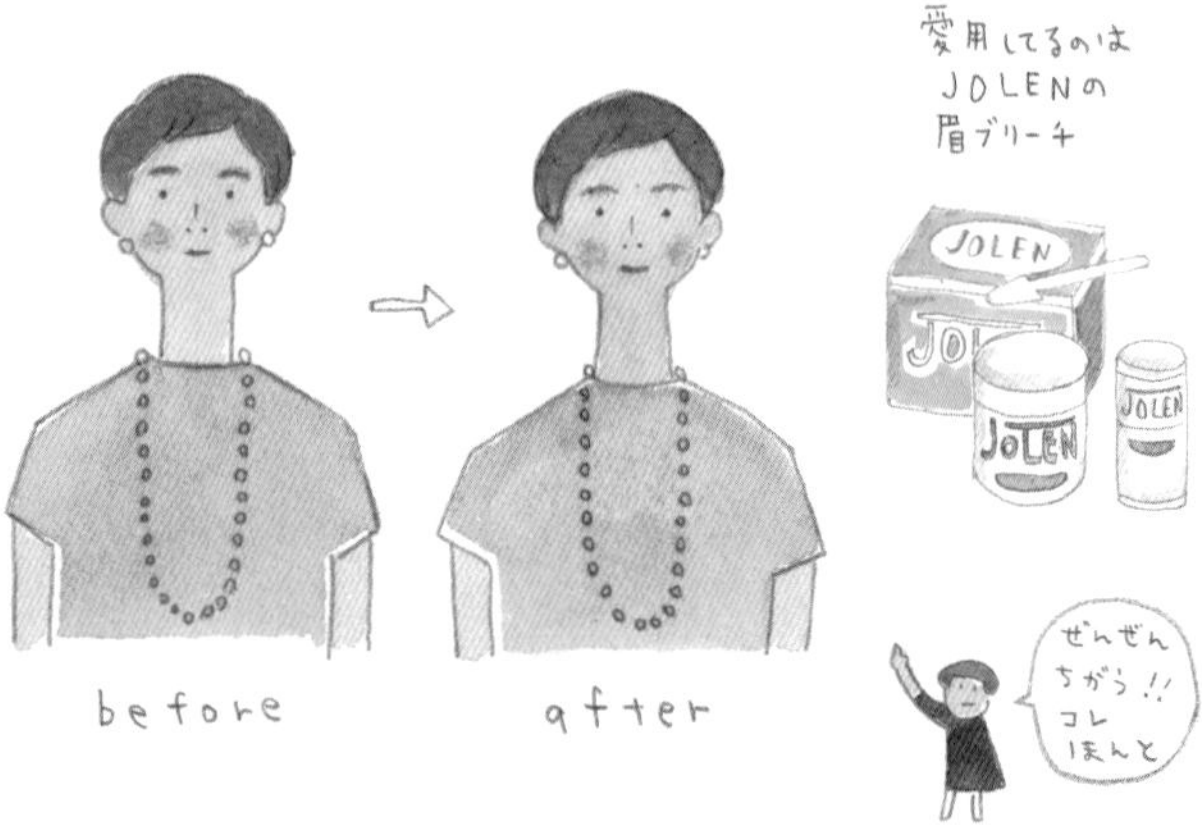
愛用してるのは
JOLENの
眉ブリーチ
JOLEN
before
after
ぜんぜん
ちがう!!
コレ
ほんと

白髪染めの頻度を減らすため、白髪の染まるカラートリートメントを使うようにしたら、頭皮の調子もよくなりました。白髪部分がアッシュグレーに染まり、髪色がしっとり落ち着いた色になるのも気に入っています。

　年上女性のかっこいいグレーヘアに憧れてはいるのですが、40代のうちは白髪染めを続けたいと思っています。染める色味は、明るい茶

眉ティントにチャレンジしてみました

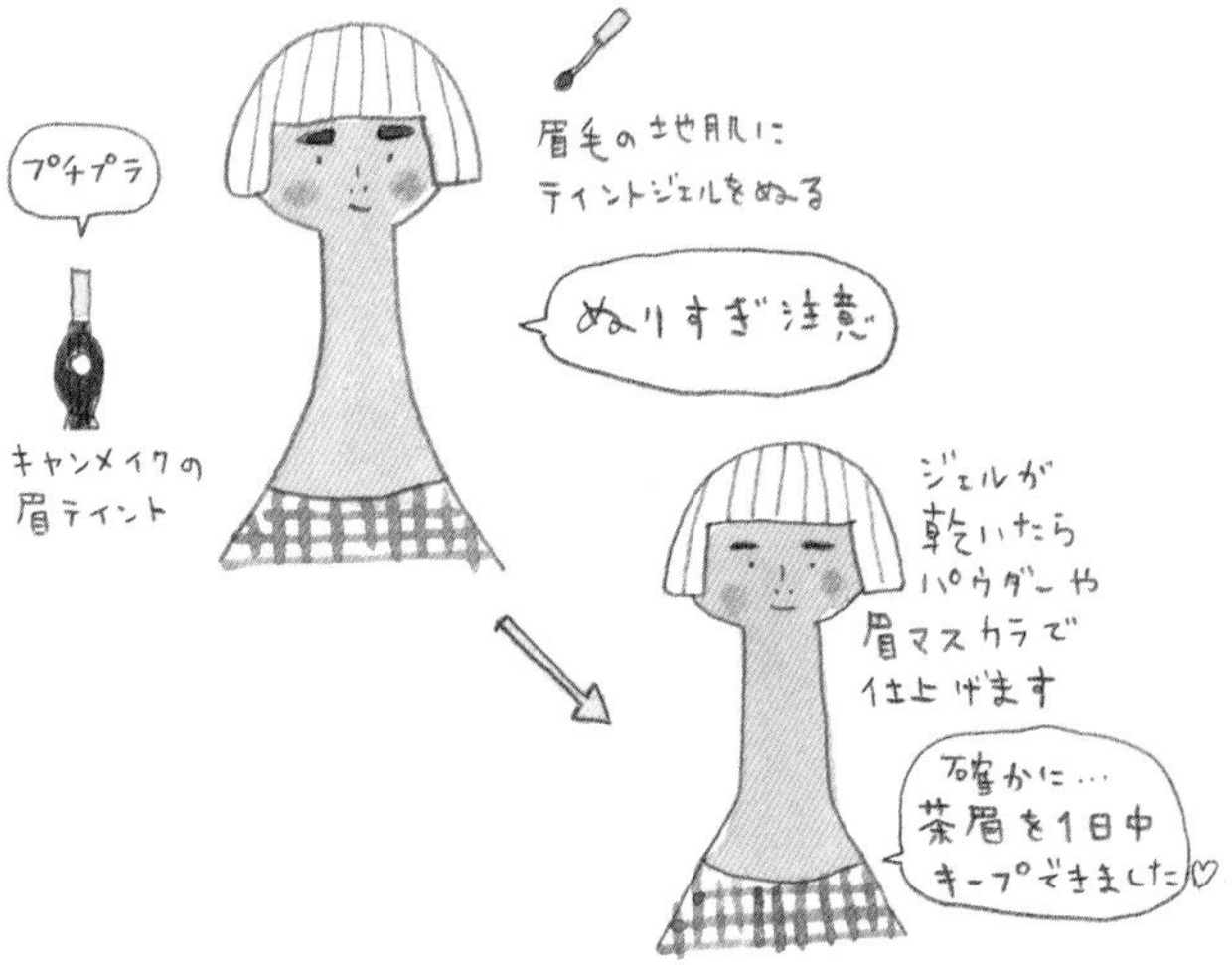
プチプラ
キャンメイクの眉ティント
眉毛の地肌にティントジェルをぬる
ぬりすぎ注意
ジェルが乾いたらパウダーや眉マスカラで仕上げます
確かに…茶眉を1日中キープできました♡

色だと逆に老けて見えるので、こげ茶にしています。

あわせて眉毛も、気付かれないくらい若干ブリーチしています。茶眉にすると、顔全体が明るく垢抜けた印象になるのです。ほんの少しの違いで、こんなに変わるのか！とびっくりするほど。朝起きて、すっぴんの眉がかわいいのがうれしく、気持ちよく一日がはじめられるのです。

みんなの色柄　失敗あるある

カラーコーデ編

若者男子とかぶる

よく言えばシンプルすぎた
あー！
紺リュック
白Tシャツ
黒パンツ

朝 会った同僚の若い男子（24歳）と全く同じ色の着こなし

おじいさんとかぶる

ユニクロVネックブラウンカーデ
どうも

学生っぽく着こなしたつもりが、リアルおじいちゃん

恐怖のホワイトコーデ

白装束みたいだね
えっ！ゆうれいじゃないよ！

張り切ってオールホワイトコーデを着てみたのに…

ベージュのセーターを着たら

おすもうさんじゃないよ
遠くから見たら肌と一体化してたよ！

と言われた…ハダカじゃないし！ちゃんと着てるし！肌着じゃないし！

最後に、私の身の周りであった色柄失敗あるあるをご紹介。失敗も多くあるけれど、でもやっぱり色や柄を上手に着こなせるとうれしいですよね。

柄もの編

おめでたい人に なっちゃった…
なんか今日クリスマスだねー！
そー？
緑カーディガン
赤タータンチェックスカート

花柄のパンツをはいてたら
私のハンカチと同じ柄だ
ホントだ…
それ以来 花柄は 古着でしか買わないことに決めました

大きめ花柄ワンピを着てたら
おまたせ～
柄が歩いてるかと思った！
と 言われてしまった…

友人と待ち合わせしたら
あ
あ
あ
全員ボーダー！「おそろだね」
と 笑うしかない……

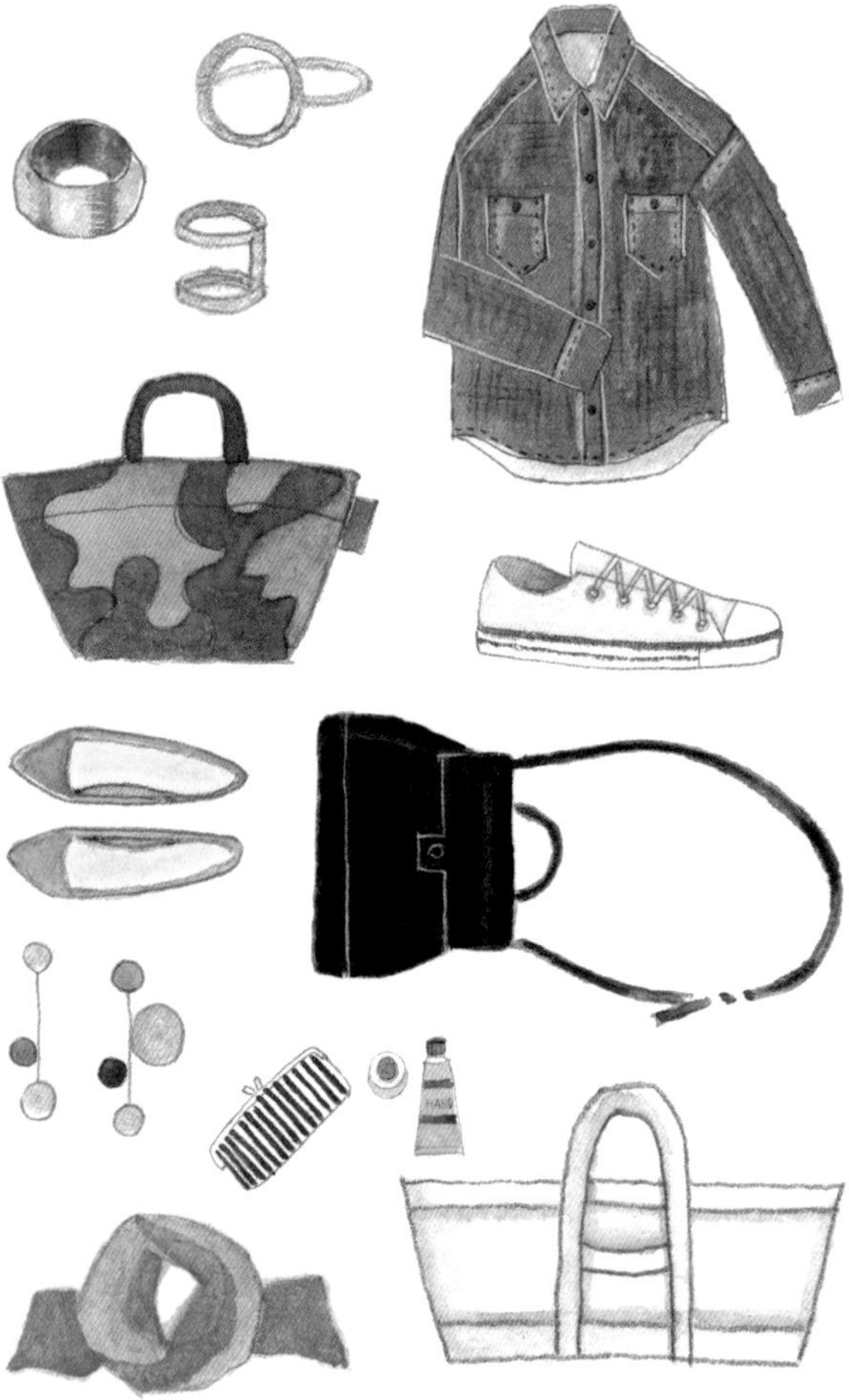

おわりに

これまで何度もおしゃれ迷子になってきました。

40代になり何を着てもしっくりこない時期もありましたが、最近はまた好きなスタイルが固まってきました。

それは、「色」を楽しむおしゃれです。

ベーシックな色は、組み合わせ方や配分で、自分らしさや大人の着こなしを表現することが

できます。潔く色数を絞れば、色の美しさも引き立ちます。

きれいな色からは明るさや元気をもらえることを実感しています。年を重ねた肌にはくすんで見えるワインレッドよりもフューシャピンクを着た方が、心も口角もウキウキと上がるのです。

赤や青など原色を着ると、ぼやけていた自分の輪郭がくっきりと浮かび上がり、パワーをもらえる気がします。周りの人からも「元気そうだね！」と言わ

れるので、自分の思い込みだけではなさそうです。今日は気持ちを上げていこう!という日は、服の彩度を上げて色の力を借りるようにしています。

「この服を着ているのが、そのまんまの私です!」と、人に会うとき胸を張って笑顔で挨拶できると、表情まで生き生きする気がします。

いくつになっても、新しい自分を探すのは楽しい。

「もうこんな年だから……」とは思わず、今の自分に似合う色を探したい。

「色のおしゃれ」を楽しみながら自分らしくいられる着こなし術を、これからも研究したいと思っています。

堀川波

堀川 波(ほりかわ なみ)

1971年大阪生まれ。イラストレーター、手工芸作家。著書は『48歳からの毎日を楽しくするおしゃれ』(エクスナレッジ)、『籐で作るアクセサリーと小物』(誠文堂新光社)など30冊を超える。最近は手作りのアクセサリーなどを販売するオンラインショップ「dot to dot」のオーナーに。

Instagram：@ horikawa._.nami

オンラインショップ：https://www.dottodot-works.com/

デザイン　葉田いづみ
校正　西進社
編集　脇洋子

本書は、『色を楽しむ 大人のおしゃれ』
（2017年10月／小社刊）を再編集し、文庫化したものです。

マイナビ文庫

色を楽しむ 大人のおしゃれ

2021 年 4 月 20 日　初版第 1 刷発行
2022 年 6 月 20 日　初版第 2 刷発行

著　者　　堀川波
発行者　　滝口直樹
発行所　　株式会社マイナビ出版
〒 101-0003 東京都千代田区一ツ橋 2-6-3 一ツ橋ビル 2F
TEL 0480-38-6872（注文専用ダイヤル）
TEL 03-3556-2731（販売）／ TEL 03-3556-2735（編集）
E-mail pc-books@mynavi.jp
URL https://book.mynavi.jp

カバーデザイン　米谷テツヤ（PASS）
DTP　田辺一美（マイナビ出版）
印刷・製本　中央精版印刷株式会社

ISBN978-4-8399-7604-0
Printed in Japan